Conversation
avec Claude Askolovitch

Patrick Bruel

Conversation avec Claude Askolovitch

PLON
www.plon.fr

ISBN : 978-2-259-20135-3

A Oscar et Léon
P. B.

A Camille et Théo
C. A.

Il n'y a pas de début adéquat tant ce type est connu, et comment veux-tu le saisir, il est trop de mecs à la fois, qui chante et joue et fait flamber au poker et parle et aime et veut être aimé, et petit garçon et vieux sage et papa et poteau, et de temps en temps il a le poids du monde sur ses épaules, il se dit que tout est important, que tout est politique, et il ne manquait plus que ça, avoir une conscience en sus de l'ego… Patrick donc. Deux ans à se connaître et à parler au fil du temps qui glisse, par longues plages, et puis par à-coups, et on a traîné et on a bien changé entre deux automnes – 2009-2011… Je l'ai su tout de suite. Comme il est partout, pas de début qui s'impose, et pas de logique non plus, et si on part dans tous les sens, on n'aura qu'à se dire qu'on tourbillonne au musette, il l'a chanté aussi. L'idée est de le prendre au débotté, pour qu'il ne parte pas en boucle, et Patrick ne fera pas du Bruel. Je veux dire, il aime bien se raconter, mais il est comme tout le monde, pour ça, il doit revenir toujours aux mêmes histoires, celles qu'il connaît par cœur, tant elles forgent l'idée qu'il veut se donner, ou donner aux autres… Ça, on s'en fout finalement. Si on réussit ce truc, il ne jouera pas son rôle, il n'en aura pas le temps, je le forcerai au ping-pong verbal et il sera meilleur que moi, puisqu'il est plus rapide, et on va se marrer ensemble, sinon à quoi bon faire un bouquin ?

C'est lui qui est venu me chercher un matin, le saltimbanque qui est allé trouver un journaliste, ou juste quelqu'un avec qui ça serait cool de parler. On s'était croisé quelques jours plus tôt dans la cour de Matignon, moi sortant d'interviewer une excellence, lui venant plaider la cause des pokers en ligne devant des importants. J'avais l'air ailleurs et touchant, il m'a dit ça plus tard, j'étais effectivement dans d'étranges limbes, nimbé de deuil et d'à quoi bon, je me disais que ça ne se voyait pas tant que ça ? J'avais tort. Lui, survolté et en conquête, autant dans la vie que j'en étais absent. Ça lui avait donné envie de faire quelque chose avec moi. Il m'a appelé quelques jours plus tard.

On s'est vite compris, sur ce qu'on pouvait jouer. On a décidé qu'on ne ferait pas une bio déguisée, mais une histoire ensemble, un dialogue, entre deux mecs qui sont déjà vieux mais qui ne le savent pas ou qui s'en doutent, et bien sûr, ce sera lui le héros, mais moi, je serai son pote. Tant qu'à avoir un copain, autant qu'il s'appelle Bruel. Ce livre, il venait bien pour moi : je le sentais, si je ne le savais pas. Parler avec quelqu'un et m'intéresser à lui, dans un moment invivable et pourtant je vivais, quelques mois après la mort de Valérie, ma femme, qui aurait aimé Patrick et en aurait souri doucement, et plus je l'aimais moi et en souriait tendrement, plus le manque d'elle faisait jour et tout ce qu'elle ne vivrait pas. J'ai côtoyé Bruel quand tout se brouillait entre le chagrin, la destruction, les envies de vivre et ce qui commençait, et on n'arrête pas d'aimer. Ce n'est pas l'endroit, le moment, ni le sujet d'aller au-delà. Mais ma souffrance et mes absences ont aussi imprégné nos rencontres, nos dialogues, donc ce livre, et ce mec m'a aidé.

Voilà donc. Place à Bruel, dans les loges avant que le livre ne démarre, attention mesdames et messieurs. La première fois qu'on travaille, intimidés comme deux amants qui n'ont rien conclu, il précipite des flots de parole, dans son bureau sur les Champs, où s'activent alors ses internautes du pok en ligne, où traînent des affiches et des posters et des disques d'or et un bordel tout chaud… C'est lui qui démarre, sans que je pose une question, j'ai le sentiment de prendre un film en cours de route, son film à lui, il est tout pétillant et volubile, on dirait un personnage d'une comédie survoltée. Il brandit verbalement un scénario qu'on vient de lui filer. Ça donne ça, en gros.

Un vrai fou ! Peut-être génial ou juste fou… Un producteur que je connais depuis trente ans est venu me voir : « Voilà, je vais faire un film avec un mec qui n'a jamais rien fait, jamais rien tourné, mais c'est un génie absolu. Il va faire un truc absolument dingue… De toute façon, il faut que tu rencontres le mec ! » J'ai rencontré le mec… Une espèce d'ashkénaze de soixante-dix ans, qui parle comme ça *(Bruel en mode caverneux)* d'une voix très très basse… Il m'a fait lire son scénario. Et je ne comprends rien, mais rien ! Ça ne m'est jamais arrivé à ce point-là ! Et quand il essaie de m'expliquer, je comprends encore moins…

C'est Bruel. Il se marre, il va plus vite, ça le fait rire aussi de ne rien piger, lui qui pige souvent plus vite que son ombre. Moi, là-dedans, je me donne une contenance, je cherche la rationalité. Pas tout à fait sûr de ce que je vais faire de ce truc, mais allons-y quand même.

Mais il se passe quoi dans son scénar ?

Rien ! C'est une famille qui s'engueule. Je ne sais pas pourquoi, ni où ça va…

Bon. On n'en parlera plus, du vieil ashkénaze et de son scénario incompréhensible. Il aura effleuré Patrick avant de sortir de sa vie.

Tu en as souvent des brindezingues qui te sollicitent ?

Dans tous les domaines ! Que ce soit pour des films, des musiques, des projets improbables. A une époque, je produisais beaucoup et donc j'écoutais des choses diverses et variées, souvent médiocres, et parfois une pépite… mais alors bien cachée !… Mais ça ne s'arrête pas là : produire quelqu'un c'est vraiment s'en occuper. Le comprendre, le guider dans les musiques, les arrangements, les textes, l'accompagner. Si tu veux bien le faire, c'est un travail énorme… passionnant. Mais il faut avoir le temps. Et le temps, je n'en ai pas tellement… Je devrais me laisser plus de temps.

Et là, Bruel s'est arrêté. Il a dit un truc important, qu'il devrait se laisser du temps. Le seul truc qui compte en fait. Je vais m'en apercevoir, au fil des jours. C'est son obsession, le temps qu'il n'a pas et qu'il laisse filer, le temps qu'il gaspille à autre chose que l'essentiel. C'est là que nous sommes frères, moi qui lessive ma vie à force d'en mener trop à la fois, mais il ne le sait pas. Pas encore. On se connaît à peine. C'est notre première fois. Il surjoue l'enthousiasme ; ou le fait d'être à l'aise. Ou pas. Il est façon « aime-moi », ça se voit, mais en même temps, peut-on ne pas succomber ? N'empêche, on se méfie encore. Tous les deux. Moi, je me demande si je vais trouver le ton juste. Lui, ensuite, dans son envie de dire et de se montrer, mais pourtant à vif. Il peut en lâcher des anecdotes ou des vérités, mais ce qu'on lâche, ensuite, ça se promène et on ne sait jamais. C'est amusant, le début d'un livre, quand le type se rend compte que c'est réel, il va vraiment parler, il y a un moment où il ne pourra plus tout contrôler, et les mots vont gambader loin de lui... Au fil des mois, et quand on aura avancé, et quand j'aurai écrit et plus on ira vers le bout, je découvrirai Patrick frémissant devant les mots, plein de crainte envers lui-même ou envers nous, tâtant l'eau du pied...

Attends ! Tu nous enregistres ?

Tu es inquiet ?

J'ai envie de parler tranquillement... Je veux être sûr qu'à la relecture, je pourrai modifier des trucs. Ou en enlever. On est d'accord là-dessus ?

Evidemment...

Sinon, je vais me contrôler. Et si je me contrôle...

Non, surtout pas !

Si je me contrôle, ça sera moins intéressant... Parfois je me lance, puis je me relis et je réalise que tout est tellement plus violent, plus définitif, quand c'est imprimé...

Un livre, c'est lourd ?

Pas seulement un livre : tout ce qui est écrit. Tant qu'on se contente de parler, c'est rattrapable. Même les choses très personnelles, ça ne reste pas, ça s'envole… Ecrites, c'est irrattrapable.

Tu as toujours pensé ça ?

Je sais que j'ai perdu des amis – ou que des amitiés se sont ternies – à cause de la violence d'une petite phrase jetée dans un article, dans un livre ou d'une lettre qui m'était adressée… C'est arrivé plusieurs fois. On aurait pu se parler, tout se dire, même des choses horribles, se rentrer dedans, ç'aurait été réparable. Alors que là… un vrai gâchis pour pas grand-chose.

Tu ne blesseras point. C'est un commandement de paix – mais va écrire avec cette épée de gentillesse au-dessus de toi ! Un souvenir que Patrick m'a raconté à propos de sa peur des mots, qui ne se limite pas à ce qu'on écrit sur lui. Quand Amanda (Sthers, son ex-épouse) écrivait son premier livre, il l'avait entreprise, pour qu'elle retienne son verbe, afin de ne pas le regretter plus tard.

Tu lui disais quoi ?

Simplement : « Tu vois, il y a certaines phrases que tu devrais enlever de ton livre. Parce que si tu les laisses, il y a des gens très proches, que tu aimes, à qui tu ne parleras peut-être plus jamais… ça ne sert à rien ! Tu peux dire autrement ce que tu as à dire, tu peux écrire autrement les choses. Si tu as des comptes à régler avec ton passé, règle-les ; fais ce que tu veux mais pas dans un livre parce que ça restera à jamais. Tu changeras d'avis, le livre ne changera pas. Tes enfants le liront… Tout le monde… »

Elle t'avait écouté ?

Elle avait enlevé quelques phrases, oui…

Il s'assombrit… Amanda, plus tard, séparée de Patrick, lâchera dans un livre quelques mots en trop, pour lui, et Patrick regrettera que d'autres ne l'aient pas avertie, pour le préserver, lui, comme lui l'avait fait jadis. Et puis on continue, et on vit.

Tu n'aimes pas qu'on dise du mal de toi ?

Non. Qu'on se trompe sur moi. Un peu comme un enfant qui dit : « C'est pas vrai, c'est pas juste ! » Pas juste qu'on écrive ça, qu'on dise ça, qu'on pense ça, ou qu'on raconte des conneries.

Donc tu n'aimes pas qu'on dise du mal de toi…

Tu connais quelqu'un qui aime ça ? On ne peut pas dire que je me sois blindé !… J'accepte facilement la critique, même si elle est violente, quand je peux y trouver quelque chose de constructif.

Facilement ?

Bien sûr que non !

On est juste au début, j'observe encore. Sa voix danse en gouaille quand il se raconte, elle accélère au moment des tristesses, les yeux pétillent puis s'oublient dans un regret. On peut le faire souffrir, il dira même pas mal, mais quand même, ce n'est pas vrai. Il parle comme dribble Lionel Messi, en changements de direction, on ne sait pas si c'est pour se protéger ou pour tout donner, d'un coup. Et son côté « aime-moi » enfantin, et que l'injustice lui fait du mal, comment dit-il ? Comme un petit garçon… Je m'y retrouve, moi qui connais par cœur le syndrome de Peter Pan.

Tu as quel âge ? 50 ? 51 ?

50 !

50 depuis… ?

Le 14 mai 2009.

Ça t'a fait quoi, le 14 mai 2009 ?

Dur ! J'avais 50 ans et en plus, tout le monde le savait, pas moyen de le cacher… Dans l'album *Alors regarde…* qui n'est pas resté confidentiel, il y a une chanson qui s'appelle « Flash-back » et qui commence comme ça :

« Quatorze mai cinquante-neuf
Je brise la coquille de mon œuf… »

Tout ça pour une rime… Quel con ! Donner sa date de naissance à tout le monde, alors que j'aurais pu faire subsister ce grand mystère…

Comment ça ?

Parce que mon physique n'affiche pas du tout mon âge. C'est dur d'avoir 50 ans quand on ne les fait pas. Remarque, si on les fait, ça doit être pire !

Tu es sûr ?

Tu me diras !

On te donne quel âge ?

Souvent dix ans de moins ! Je fais un peu gaffe à la bouffe, aux grands crus, aux pains au chocolat à la sortie de l'école... Et puis, j'ai les cheveux courts, ça rajeunit !

On te flatte ?

Je t'emmerde !

Tu fais de la gym ?

Oui. Et je nage, mais comme je nage très mal, j'essaye d'abord de ne pas mourir... Quand je me suis aperçu qu'a priori dans une piscine, je ne risquais pas grand-chose, je me suis lancé. On peut réfléchir en nageant, c'est pas mal !... J'ai appris à souffler, le nez dans l'eau, je me suis aperçu à quel point c'était reposant.

C'est vrai que c'est cool, quand on sait respirer, de poursuivre ses gamberges dans l'eau chlorée...

... Ça me joue aussi des tours ! Parfois il y a des rôles qui m'échappent parce que je ne fais pas assez mon âge.

Tu ne sais pas jouer les vieux ?

Ce n'est pas ça le problème. On va juste prendre un acteur qui fait vraiment son âge. A part dans *Un secret*, où il fallait trois heures de maquillage pour me vieillir, jusqu'à 85 ans...

Ça t'ennuie d'être quinqua ?

Il y a mieux. Le regard qu'on porte sur nous... Ce n'est pas l'apogée.

Ça l'est plus ! J'ai 47 ans.

(OK. 49 aujourd'hui. On a mis le temps pour l'accoucher, le bouquin.)

Mais moi, je ne m'y fais pas.

Tu es vieux !

Non !

Tu es rempli de souvenirs.

Je suis rempli de souvenirs, mais ce n'est pas ça qui fait de moi un vieux.

Comment le sais-tu ?

Je le sens. Je ne me positionne jamais en fonction de mon âge. Je me surprends très souvent à me croire encore le plus jeune, le plus petit de la bande… enfin, quand ça m'arrange. Et puis, c'est l'avantage d'avoir des enfants de 6 et 8 ans : les parents de leurs copains ont dans les 30 ans… donc moi aussi ! J'ai l'âge des parents des amis de mes enfants !

L'âge ne t'inquiète jamais ?

Evidemment que ça me préoccupe. Mais c'est bien au-delà de l'apparence. En fait, c'est surtout par rapport aux enfants. Je ne les verrai pas assez longtemps, c'est ça qui me préoccupe vraiment.

Quand Oscar et Léon auront 30 ans, tu en auras 80.

Un peu moins, quand même !

…

Ils me manquent déjà…

…

Ce que je ne connaîtrai jamais avec eux me manque déjà. Aujourd'hui, c'est à ça que je pense. C'est en ça que l'âge est un problème.

Tu seras très vieux quand tu seras grand-père…

Si je suis grand-père… Non, le truc, c'est de savoir ce qu'ils vont devenir, ce qu'ils vont faire, ce qu'ils vont être, après moi, sans moi. C'est aussi pour ça que j'ai peur de la mort.

Et la mort des gens que tu aimes ?

J'y pense presque tout le temps.

On a laissé tomber. Il ne voulait même pas aller au-delà, voir imprimé ce qui est inéluctable. On est passé à autre chose, et à la vie. Patrick le petit garçon pour toujours est d'abord un mec, et un séducteur de réputation – on dira plutôt un séduit. Quand vient la question de l'âge, on n'y coupe pas. On parle de Céline, sa compagne, journaliste, et qui n'a pas 50 ans.

Vivre avec une femme plus jeune que toi, ça fait partie des produits masquants de la cinquantaine ?

Pas spécialement. Ça ne masque rien. Au contraire, ça met l'âge en exergue, parce que c'est forcément présent, parce qu'on y pense, on en parle… A un moment donné, on se heurte forcément à cette barrière...

Tu peux te sentir coupable vis-à-vis de ta compagne ?

Je peux me poser des questions : est-ce que je lui fais du bien ? Est-ce que c'est bien, pour une jeune femme, d'être avec quelqu'un qui a déjà fait beaucoup de choses ? Qui a déjà fait le parcours… Elle, elle a encore sa route à faire… Mais à un moment donné, il faut savoir ne plus se poser de questions, ou alors seulement les bonnes. On est adultes, on vit et on avance.

Les bonnes questions ?

Est-ce qu'on est bien ensemble ? Est-ce qu'on est capables de s'étonner encore ? Ce n'est pas une question d'âge. L'amour dure le temps de l'étonnement. Tout dure le temps de l'étonnement. Il n'y a que ça de vraiment intéressant...

Pour résumer. Tu as 50 balais, et tu ne sais pas forcément quoi en faire…

Elle est marrante, ta formule. Mais visiblement, c'est toi qui ne sais pas quoi en faire. Tu vas finir par me faire flipper avec tes angoisses !

C'est le mot d'une fin ici, quand je cherche un miroir. C'est son charisme ou l'ennui d'être moi tout seul. Ça fait un moment que j'interroge Patrick comme un éclaireur, deux ans d'avance sur moi sur le chemin de la sagesse supposée. Et moi, j'en fais quoi, de mes 50 berges au coin de la rue ?

Il y a des enjeux d'homme mûr. Transmettre, donner, faire école, se poser…

Transmettre, donner, faire école, ça je sais faire. En revanche, se poser : vaste question ! Où ? quand ? pourquoi ?... Même si je sais que pour moi, aujourd'hui, c'est un besoin impératif. Me poser pour prendre du temps, pour des choses que je n'ai pas le temps de faire, ou que je ne fais plus.

Tu veux te poser pour faire des choses ! Non, se poser, c'est : rien.

Se poser, c'est être chez moi. Lire. Avoir des matinées où il n'y a pas de rendez-vous sur le carnet. Tu te réveilles, tu enfiles un manteau, tu vas prendre un café en bas, au coin... Tu décides d'appeler un pote. S'il est chez lui, tu passes...

Le paradis perdu ?

Ça m'est arrivé il a peu de temps. J'ai vécu un joli moment avec Vincent *(Lindon)* qui a été très longtemps mon meilleur ami, comme on dit. Et puis on s'est perdus de vue, un peu fâchés pour des choses essentielles sans importance... Ça avait l'air définitif. On a fini par se retrouver. L'année dernière. Il m'a touché : « J'aime tellement comment on se retrouve... » Comme si on reprenait une conversation là où on l'avait laissée. En fait, c'est mieux que ça ! C'est une nouvelle conversation que je trouve infiniment plus intéressante... Ce matin-là on a parlé de sa vie, de sa famille, de tellement de choses... il m'a montré des correspondances, c'était très émouvant. Quand je l'ai quitté, je me suis dit : « Putain, il a sa chambre bien rangée, son bureau bien rangé. Il sait où se trouvent ses affaires, ses archives... Il est structuré, lui »... Et j'ai appelé Françoise, mon assistante : « Viens à la maison, il faut qu'on range le bureau... Pour que j'aie l'esprit tranquille, il faut que je range mes affaires »... J'ai marché un bon moment, de la place Saint-Sulpice à la rue Médicis. Un petit tour au Luco. Pèlerinage matinal, ça faisait longtemps. J'avais l'impression que le temps s'arrêtait. Qu'il fallait s'offrir plus souvent ce genre d'instants, lorsqu'on laisse la mémoire vous surprendre. Parce qu'on a le temps...

Tu trimballes ton lot d'histoires... Tu te souviens de tout ? Tu es hypermnésique ?

J'ai une bonne mémoire, mais sélective. L'hypermnésique c'est celui qui va se souvenir de tout ce que son cerveau a enregistré, consciemment ou inconsciemment. Tu traverses une pièce, tu vois une feuille de papier, un truc écrit dessus, et ça reste gravé à vie, même si ça n'a aucun intérêt. Moi, j'ai une mémoire sélective. Ça, oui ! J'ai une très, très bonne mémoire pour les choses qui m'intéressent.

Le problème c'est que plus de choses t'intéressent que la moyenne des gens.

Oui !

Ou tu vas au bout, au fond, de plus de choses que la plupart des gens.

Oui.

C'est rare d'explorer à fond la chanson française, et le rock, et le poker, et la politique – même sans le dire –, et le cinoche, et le théâtre... Et tu n'es pas au bout...

C'est la littérature qui me manque en réalité. J'aimerais avoir plus de temps pour lire. Je tremble de regrets quand je rentre dans une librairie. Avec *Le Prénom*, je me suis retrouvé tous les soirs sur la scène du théâtre Edouard-VII en train de jouer face à une vraie bibliothèque – et ça recommence sur le tournage du film ! Et je contemple ce mur de bouquins avec un sentiment d'envie, de culpabilité, de nostalgie, en voyant tout ce que je n'ai pas lu, tout ce qui me reste à lire et que je ne lirai pas…

Ce que pensent les acteurs au cœur de l'action, quand on les croit tout à la pièce, et ils le sont… Patrick, au cerveau multitâche, en fait d'autres, des excursions mentales, en plein jeu. Toujours dans Le Prénom *– sa pièce magique de la saison 2010 – il devait, jeu de mise en scène, prendre chaque soir un dictionnaire. Son jeu était d'apprendre chaque fois un mot inconnu, juste pour lui. Sinon, question bouquins, reprenons : il en lit quand même, et sans doute plus que moi. Parfois, il réussit même à marier tous ses désirs ; je l'ai vu, il y a quelques mois, comme un enfant se redécouvrant, lisant ou relisant tout Musset pour préparer un spectacle rare – une pianiste amie, Caroline Sajeman, jouant du Chopin tandis que Patrick déclamait le poète. A le voir transporté, on se demandait à quoi bon faire autre chose – de la musique, de la poésie, du bruit, s'agiter… Et puis… Quelques mois plus tôt, au cœur de l'hiver 2009, quand nous nous apprenions, Patrick venait de découvrir* Ce que le jour doit à la nuit, *de l'Algérien Yasmina Khadra ; un autre coup de foudre teinté de nostalgie sur l'Algérie d'avant. Le livre a été repris pour le cinéma par l'ami Alexandre Arcady.*

… Personne n'a parlé de l'Algérie comme ça. Personne n'a mis en perspective les deux communautés, française et algérienne…

Ah, ça se passe à l'époque de...

Ça se passe tout au long du XXe siècle. Et surtout au moment des événements...

Tu dis « les événements » ? Pas « la guerre d'Algérie » ?

La famille a toujours dit « les événements ».

C'est typiquement une expression des vieux pieds-noirs...

Ah oui ?... Ce que j'appelle les événements, c'est la fin de la guerre, notre départ. Ce qui se passe entre mars et juin 62. Ce sont ça, les événements. La guerre, elle, commence en 54, à Mostaganem. Elle commence en 45, à Sétif ! Elle commence même avant ! Quand on connaît l'histoire de l'Algérie, elle a toujours couvé.

Quel est ton plus vieux souvenir ?

Moi, tout petit, marchant dans des gravats. Je n'arrive pas à savoir si c'est un souvenir réel ou de la mémoire collective. Mais c'est ça : moi, dans des gravats...

Dans un chantier, dans un parc d'immeuble...

Est-ce que c'est un chantier ? Un immeuble qui a été bombardé ? Je ne sais pas, mais c'est cette image que j'ai. Ça se passe en Algérie, évidemment... Sinon le premier souvenir réel – enfin, réel, plus concret en tout cas –, c'est celui d'une chambre d'hôtel – je crois que c'était à Grenoble, il faut demander à ma mère –, où je me réveille tout seul. Je n'ai même pas le temps d'avoir peur : ma mère ouvre la porte et rentre avec des yaourts. Je pense que c'était en 63.

Après le départ ?

Oui. Pourtant, on n'est pas arrivés à Grenoble, mais à Paris ; on a dû aller à Grenoble après, pour une raison… Ou bien, c'est peut-être un rêve, tout simplement.

C'est Mendès ? Ta maman avait une histoire avec Mendès, ça explique tout politiquement.

Non, c'est trop tôt : Mendès à Grenoble, c'était en 67 !… Si ! en fait, ma mère a retrouvé Mendès ! C'est comme ça que je me suis construit politiquement !… Non, sérieusement, pour cette histoire de Grenoble, je vais le lui demander.

Et de l'Algérie, rien… sauf les gravats ?

Rien.

Rien ?

Rien, mais je suis parti à 3 ans… Je sais que ma mère ne voulait pas prendre le bateau, on a pris l'avion, elle et moi, seuls ; les autres étaient déjà partis, je crois…

Les autres étant ?

Toute la famille : ses parents, ses frères et sœur… Mon père était parti de son côté : ça faisait deux ans qu'ils s'étaient quittés et qu'on ne le voyait plus. Pour ma mère, l'exode a été d'autant plus difficile qu'elle était seule. Je l'évoque dans la chanson que je lui ai dédiée : « Raconte-moi »… C'est une phrase au tournant de la chanson.

Dis-moi ?

Je ne me souviens plus. J'y pense à l'instant mais je ne me souviens plus de la phrase exacte.

Ce sont ces mots : « Ta solitude et ton cœur pour seules armes » ; ils se trouvent au début d'un couplet, sans référence à l'exode d'Algérie – il n'y en a d'ailleurs aucune dans la chanson, à peine une évocation de l'Orient et des « figues de Barbarie », le fruit – sabra – symbole d'Israël

Et tu l'as écrite quand, cette chanson ?

En 2006…

Depuis trente ans que tu écris, il t'a fallu autant de temps pour aborder ta mère, et sa solitude ?

J'ai évoqué ma mère dans pas mal de chansons, et puis j'ai eu envie d'écrire sur elle… En fait, j'ai très longtemps cherché un angle. Les thèmes sont toujours à peu près les mêmes ; l'intérêt vient de l'angle par lequel tu les prends… Ma mère est quelqu'un de très, très pudique. Trop parfois.

Elle ne dit rien ?

Elle n'est pas expansive. Ce n'est pas facile de la saisir. Au bout d'un moment, je me suis dit : « Tiens, c'est par cet angle-là que c'est intéressant. » La chanson s'appelle « Raconte-moi ». Raconte-moi ce que tu étais avant moi, tes rêves, tes faiblesses, tes erreurs, tes histoires…

Et qu'est-ce qu'elle était avant toi ?

Ah ça !

Ça lui appartient ?

Oui, ça la regarde. Je n'ai pas envie de faire plus : cette chanson suffit largement. Elle dit déjà beaucoup de choses.

Elle parle des hommes qu'elle a ratés à cause de toi… « Ce type qui nous faisait visiter Rome, que tu as laissé passer comme tous ces hommes, qui voulaient te parler d'éternité, mais ne souhaitaient pas assez me rencontrer »…

Elle est jolie, cette chanson, hein ?

Oui…

Elle est jolie, cette phrase ! Dans *Une vie à t'attendre*, Danièle Darrieux dit ça à Nathalie Baye. C'est tellement juste… Mais cela dit, tous les hommes qu'elle a croisés, est-ce que moi, je leur ouvrais les bras ?

L'Italie, c'est un souvenir particulier ?

Elle avait un amoureux qui tenait un hôtel à Rome. J'y ai fait mes premiers pas de guide touristique. Je t'ai déjà raconté ça ?

Non…

J'avais 10 ans, je jouais au guide ! En juillet 69, Armstrong marche sur la Lune, et moi je suis dans un bus, à Rome, un micro à la main : le bus de l'hôtel qui emmenait les touristes visiter la ville. Grâce à l'amoureux de Maman, je connaissais Rome et ses monuments comme ma poche… Il y avait quelque chose de fascinant à parler dans un micro ! Ma grande distraction, c'était ça… Pauvres touristes !

Ça vient de loin !

J'ai toujours été stupéfait d'entendre ma voix amplifiée dans un micro ! Et donc je montais dans le bus et à la surprise générale, je commentais. En français et en italien : mon italien qui n'était pas si mauvais… A 10 ans…

Et l'amoureux ?

Peu importe… Je me suis servi de Rome pour raconter un peu ma mère. Et ces hommes qui rencontraient une femme très belle, qui avait trente ans mais qui avait un petit garçon, avec tout ce que ça impliquait. Et elle a peut-être sacrifié une histoire d'amour ou deux, je ne sais pas… Ce qui est normal, au fond !

Je ne sais pas.

Si, c'est normal. En tout cas, c'est ce que je pense depuis que j'ai des enfants et plus encore depuis que je suis un père séparé… Je ne pourrais rien faire avec quelqu'un qui n'aimerait pas mes enfants, ou qui ne pourrait pas les prendre en compte… Et tu le sais toi aussi, peut-être…

Augusta a fini par se remarier.

Oui, mais pas contre moi !

Là, tu étais d'accord ?

Je n'étais ni d'accord ni pas d'accord. C'est quelque chose qui s'est imposé, comme ça… Mais j'ai pleuré, le jour du mariage. J'avais beaucoup de tristesse en moi. Je ne pouvais le formuler. Je ne pense pas que ce soit le mariage en soi qui m'ait rendu triste. Quelque chose a dû me saisir, qui a fait ressortir d'autres chagrins. A un moment donné, j'ai eu des pleurs incontrôlés et insondables. C'était très bizarre.

Ta mère est la femme de ta vie ?

Quelle connerie !

On ne peut pas dire que ta mère est la femme de ta vie ? Tu ne vas pas te fâcher ?

Si, parce que c'est totalement stupide. Ma mère est une personne importante de ma vie, comme toutes les mères qui ont élevé et aimé seules un enfant. On a juste une complicité très forte et beaucoup de respect, comme elle en a avec mes deux frères...

J'ai compris !

Non, mais c'est très important, parce que ma mère n'a pas été castratrice. Elle ne s'est jamais mise en avant et n'a jamais voulu prendre une autre place que la sienne... Ça me rend dingue quand j'entends ça. Très longtemps, je me suis affiché comme célibataire. Je n'avais pas de copine fixe. Une fois, une seule, j'ai accepté un reportage en famille, donc avec ma mère... Une fois ! C'était plutôt sympa, d'ailleurs, pour *Télé 7 Jours*, mais ça a dû installer une image...

Tu te souviens que c'était *Télé 7 Jours* ?

Oui, et alors ? Je me souviens même que c'était un « spécial Drucker » à Cabourg. A l'époque, on se faisait des films sur moi : « Patrick Bruel ? Bon, alors... Il n'a pas de nana fixe, donc on a le choix : soit il est homo, soit sa mère est la femme de sa vie. Ou les deux... »

Tu connais l'histoire d'Emile Griffith, le boxeur ?

Non.

Emile Griffith était vraisemblablement homo et vivait avec sa mère. Un jour, il a affronté un Cubano-Américain qui s'appelait Benny « Kid » Paret qui l'a traité de pédé, à la pesée. Il l'a tué. Un jab pour le descendre, un crochet pour l'empêcher de tomber… pour continuer la punition. Et à la fin Benny « Kid » Paret est tombé tout doucement et il est mort. Tu ne connaissais pas cette histoire ?

Non. C'est affreux…

Tu n'aimes pas la boxe ?

Si, mais à cause de ce genre d'histoires, j'ai parfois un problème avec la boxe… Pourtant, j'ai vu plein de combats. J'ai souvent aimé ça.

Pied-noir, chanteur, acteur, le poker, Las Vegas… Normalement, tu adores la boxe ?

J'aime la boxe, mais je n'ai pas besoin de cliché pour ça ! J'ai eu la chance de voir des combats extraordinaires, d'assister à des moments historiques… J'ai vu Monzon/Bouttier en 72. J'ai vu des combats de boxe pourris, aussi. Dans des petites salles de quartier avec des mômes qui font ça pour vivre… J'ai vu la boxe perdre son éthique : j'ai vu l'un des plus grands boxeurs de tous les temps mordre l'oreille d'un autre, sous mes yeux à Las Vegas…

Tu étais au combat Tyson/Holyfield ?

Oui, c'était lamentable. Mais le plus beau combat que j'ai vu, c'est Holyfield/Foreman : 19 avril 1991, à Atlantic

City. Journée mémorable !... BMG, ma maison de disques, m'invite à New York en Concorde pour fêter mon million de disques. Et dans le Concorde, je voyage avec Jean-Paul Belmondo. On parle, on se marre, on s'entend bien... Arrivés à l'aéroport, il dit : « Je t'emmène ? » Moi : « Ils m'ont prévu plein de trucs... » « Allez, 15 heures devant le Pierre ! Je t'emmène à Atlantic City, on va voir Holyfield/Foreman. » Je m'arrange pour retourner tout leur planning et je pars avec mon idole, Bébel, qui, pendant les trois heures du trajet, va me raconter *Classe tous risques*, *L'Aîné des Ferchaux*, *Borsalino*, Delon, *Le Professionnel*, Gabin... Un rêve, quoi ! Et on arrive là-bas, moi mort de fatigue à cause du décalage horaire... C'était, je crois, le sixième combat, ils ne mettent jamais le match vedette en premier... Et enfin, le match ! Foreman, un homme de 42 ans, une des plus grandes légendes de la boxe, contre un type de 24 ans, Holyfield, qui joue sa peau en défendant son titre. Et on passe à deux doigts d'un événement historique. Et deux doigts, c'est vraiment deux doigts. A la sixième reprise, Foreman fait tomber Holyfield, simplement en l'effleurant : s'il l'avait touché, c'était fini !... Le punch de Foreman !... Mais finalement Holyfield gagne aux points.

Je me souviens. Foreman tient, il est styliste... Holyfield est un mi-lourd, ou un lourd-léger qui est monté en graine ; on soupçonne la testostérone...

Normal...

Et là, Patrick est parti, son débit s'est accéléré, il pourrait discourir des heures du noble art, on a oublié l'un comme l'autre qu'on parlait d'autre chose...

J'aime La Motta, Cerdan, cette époque, le film que Scorsese en a tiré, De Niro, j'aime tout ça !... Puis j'ai vu des filles faire de la boxe et ça m'a terrifié ! Et j'ai vu des combats qui n'avaient pas de noblesse, des mômes qui en crèvent dans les salles de sport, souvent arnaqués par des salauds. Tout le monde ne finit pas comme Rocky... J'ai du mal avec la boxe pour ça. Pour sa cruauté.

...

Je ne sais pas pourquoi on en est arrivés à la boxe...

Avant on parlait de ta maman... et donc de Griffith. Avant on parlait de Khadra qui évoque l'Algérie... Donc on parlait des tiens... Tes deux familles, ton père et ta mère, c'est des juifs algériens depuis toujours ?

Depuis toujours, et au-delà ! Nous sommes des Berbères. Des juifs berbères... Je t'ai laissé dire pieds-noirs, mais c'est inexact. Nous sommes des rapatriés, des juifs devenus français par décret en 1870, et qui ont suivi l'exode après l'indépendance algérienne. Mais nous ne sommes pas venus en Algérie avec les Français... Les juifs berbères étaient en Algérie avant même la conquête musulmane ! Ma maman s'appelait Kammoun, sa maman à elle s'appelait Ben Sidoun. On a réussi à remonter jusqu'à un poète du XIVe siècle, Allal Ben Sidoun...

C'est important, pour toi, cette ascendance ?

Je viens de là. Ça n'induit pas ce que je suis, mais j'ai une obligation envers mon histoire... Ne pas oublier, ne pas laisser oublier... En Algérie, on oublie parfois que les juifs étaient une composante du peuple et du pays. J'aime la France, c'est ma culture, mon pays : mais cet amour est le produit d'une histoire...

Et ton père c'est Benguigui. Nul ne l'ignore depuis Le Pen...

Nul ne l'ignore !

Qu'est-ce que tu connais de l'histoire de tes familles, ou de ta famille ? Tu te réfères plus à la famille Kammoun, ou tu as des liens avec les Benguigui ?

Des liens avec les Benguigui, j'en ai très peu.

Ton père vient d'où ?

D'Oran. Instituteur, beau mec, séducteur, très jeune... trop jeune ! Il a 20 ans quand il rencontre ma mère. Même pas 20 ans, 19 !... Maman était institutrice, elle aussi.

C'est comme ça qu'ils se rencontrent ?

A mon avis, oui.

Où ?

A Tlemcen, je crois. Je ne me rappelle plus. Je sais qu'ils ont un coup de foudre, mais qu'ils sont obligés de partir à Colomb-Béchar pour être moins sous le joug familial...

Que se passe-t-il ?

C'est idiot que je ne sache pas te répondre ! Je vais demander à ma mère, je vais lui téléphoner tout de suite. *(Surtout pas, on continue !)*

Ils se marient quand ?

En 58.

De Gaulle, « Je vous ai compris », et les Benguigui se marient…

A peu près. Ça ferait un bon début de chanson…

Tu imagines cette période-là…

Ce qui est étonnant, c'est que j'ai des images beaucoup plus précises depuis que j'ai lu le bouquin de Khadra…

Ce qui m'intéresse, c'est pourquoi tu ne t'en souviens pas.

… Ou pourquoi je ne m'y suis pas intéressé ?

Ou pas encore.

Tu as raison : pas encore… Il y a sûrement un moment où ces choses-là prennent de l'importance.

Tu as besoin de racines ?

Je m'en suis longtemps passé, tout comme je me suis construit dans l'absence de mon père. Et en même temps, on cherche ce qu'on n'a pas… J'ai commencé à explorer tout ça quand j'allais devenir père à mon tour. Puisque je poursuivais la chaîne, j'avais besoin de comprendre le début… Maintenant, ça ne se décrète pas, ça se construit petit à petit. Et avec mon père c'est une histoire et une relation compliquées.

Et la famille de ta mère…

Ça c'est vraiment ma famille. Celle qui m'a élevé.

Ils viennent d'où ?

Tlemcen, Mostaganem, Oran, Constantine, enfin tout l'Oranais, quoi... Toute cette région-là. Mais bon, surtout Tlemcen.

L'Oranais ou le Constantinois ?

Le Constantinois.

Tu as dit l'Oranais...

J'ai dit l'Oranais parce que je croyais que c'était pareil. En fait, non, ce n'est pas pareil... Mais tu connais l'Algérie ?

Le père de ma femme vient d'Algérie, mais je ne connais pas.

On va y aller ensemble.

Tu n'y es jamais allé ?

Non.

Enfin, si, tu y es né.

Je n'y suis jamais retourné... J'en ai souvent eu envie, mais mon grand-père était très réticent. J'ai toujours pensé à un retour assez symbolique, sous la forme d'un concert à Tlemcen ; chaque fois, on m'en a dissuadé pour des questions de sécurité... Mais je reçois beaucoup de témoignages d'affection d'Algériens, me demandant de venir chanter comme je l'ai fait en Tunisie. J'espère que ça va se faire... Mon petit frère Fabrice a joué à Tlemcen. Il est jazzman, batteur. Il est allé là où on avait habité et il nous a téléphoné de la maison, c'était très émouvant. Et puis mon ami Guy y est allé, lui aussi, il y a deux ans : il a fait plein de photos du garage qui est au-dessus de la maison…

Il y avait un garage au-dessus de la maison ?

Non, non, en dessous ! On habitait au-dessus du garage.

Ça doit se sentir, mais Patrick est plein de trous, soudain, quand on parle d'avant. Le passé le travaille, qu'il ne maîtrise pas. Il y retournera pourtant, pour se chercher lui-même. Quelques jours plus tard, il a reconstitué une partie du puzzle, heureux d'être allé au bout de l'histoire.

Parler de tout ça réveille des choses importantes. C'est bien. J'ai demandé à ma mère : « Au fait, comment tu as connu mon père ? »

Et alors ?

Alors, il paraît que je lui pose la même question chaque fois qu'on veut écrire sur moi !

Mais leur rencontre ?

Simplement dans le cadre de leur travail : instituteur-institutrice. Ils emmenaient des enfants se faire vacciner dans un centre, et ils se sont connus à ce moment-là.

C'est totalement tue-l'amour, ton truc !

Ben, on n'est pas au cinéma !

Ils ont échangé un catalogue de la Camif ?

(Il se marre.) La Camif, c'est plus tard ! Quand elle s'est remariée !… Mon beau-père était de Niort, le siège de la Camif…

Et l'épisode de Colomb-Béchar ?

Elle est mutée là-bas.

Il n'y a pas un problème de famille, comme tu m'avais dit...

Je croyais. Elle m'a dit : « Non, pas du tout ! » Pourquoi est-ce que j'avais ça en tête ? Je ne sais pas ! Mais c'est bien ! Ça me permet de poser quelques questions... Ce qui m'étonnait, l'autre jour, c'était mon ignorance, ou mon oubli. Mes oublis. Pourquoi est-ce que je ne sais pas ça ? Pourquoi est-ce que je ne l'ai jamais demandé ? Et pire : bien sûr que je l'avais déjà demandé, mais je ne m'en souvenais plus, et encore moins de la réponse !... Pourquoi j'ai occulté certaines choses ?

Parce qu'il n'y a rien de grave en soi.

... Rien.

Il n'y a pas de cadavre dans le placard, il n'y a pas de secret familial honteux, il n'y a rien...

Pas que je sache.

Peut-être parce que tu vis dans le présent ?

Aussi, mais avec de la nostalgie, quand même. J'ai une nostalgie en moi... indéfinissable.

Quelque chose de curieux aussi : Bruel est né à la célébrité dans une saga « Algérie de papa », Le Coup de sirocco, *devenant l'emblème d'une culture qui en réalité n'est pas la sienne. Il a grandi et s'est inventé en France, dans les années 70 de tous les possibles, immune de la nostalgie comme de l'aigreur. En même temps, avec l'âge, ça flotte, forcément. Sensation d'un type pas encore achevé, c'est ça qui le rend encore jeune, ou en déséquilibre ? Poursuivons vers le passé.*

C'est la famille de ma mère qui m'a élevé. Mes grands-parents Elie et Céline, mes oncles et tantes… Elie, c'était le pur et dur. Socialiste, franc-maçon, balayant la religion d'un revers de main. Moi, ça m'agaçait au moment des fêtes juives, cette manière qu'il avait de bâcler les shabbats, les prières, Pessah[1]…

Mais ils faisaient quand même les fêtes ?

Ouais… Pessah durait vingt minutes au lieu de quatre heures… Tac, tac, tac, tac… « Mais Grand-Père, un peu plus long, quoi ! C'est joli ! Raconte la sortie d'Egypte… » Et lui : « Mais tout le monde la connaît, la sortie d'Egypte ! On a besoin de la raconter chaque fois ? » C'était plutôt marrant…

Il a eu combien d'enfants, ton grand-père ?

Cinq. Maman est la deuxième. L'aîné était mon oncle Jean-Jacques, il est mort en 66 dans un accident de voiture, il avait 32 ans. Ensuite mon autre oncle, Claude – en photo là-bas, avec Oscar dont il était le parrain… Il est parti en 2005. Une leucémie… Puis ma tante Madeleine (qui m'a appris à marcher) et mon jeune oncle Pierre, qui a toujours plutôt été mon grand frère.

1. La Pâque juive.

Il faisait quoi, Elie, en Algérie ?

Il était secrétaire général de la mairie de Tlemcen.

Et il venait d'où, avant ? Tu n'as pas de traces de ta famille, avant ? Le monde est né avec toi ?

(Il se marre.) Bien sûr que le monde est né avec moi !

Tu as des anecdotes sur sa jeunesse... Des souvenirs qu'il t'aurait transmis ?

Evidemment, mais j'étais trop petit... Enfin non, je n'étais pas trop petit... Il m'a raconté beaucoup de choses, mon grand-père, il me parlait beaucoup... Par quoi commencer ?

Tu n'as pas été élevé dans la nostalgie de l'Algérie ?

Non... Non ?... Enfin, entre les deux ! J'ai été élevé dans le regret, mais je n'ai jamais entendu de choses violentes, des phrases de haine. On n'était pas dans un sentiment de rancœur, comme avaient pu l'être certains colons. Mon grand-père était fonctionnaire, ma mère institutrice, ma grand-mère...

Comment s'appelle ta maman ?

Augusta. Elle n'a jamais aimé son prénom. Elle en a presque voulu à mes grands-parents parce que ça la marginalisait un peu, alors que c'est un prénom magnifique. Mais il faut accepter qu'on vous remarque... Elle a fini par s'inventer un autre prénom. Elle l'a porté quand elle était avec mon beau-père, son deuxième mari.

Quel prénom ?

Nathalie.

A cause de Bécaud ?

Possible. Probable, même... Ça m'agaçait qu'on l'appelle Nathalie ! Tout le monde s'appelait Nathalie !... Plus tard, elle est redevenue Augusta.

Toi aussi tu as changé de nom, et même de prénom...

Ah non !

Tu étais Maurice Benguigui, tu es devenu Patrick Bruel...

Bruel, c'était mon nom de scène, on l'avait trouvé avec mon oncle, je ne me souviens même plus comment, avant *Le Coup de sirocco* ! Puis c'est devenu officiellement mon nom. En 2003, j'avais vécu plus longtemps sous le nom de Bruel que sous le nom de Benguigui, j'ai fait la demande officielle juste avant d'être père... Mais pour Maurice, désolé ! Je n'ai jamais été Maurice Benguigui. Je me suis toujours appelé Patrick...

Dans tes fiches Wikipédia, sur Internet, dans les blogs, on dit « Maurice »...

Ça rend fou, non ? C'était un gag récurrent des Guignols sur Canal+ de m'appeler Maurice, et c'est devenu une réalité malgré moi... Maurice, un personnage qui parlait avec un accent pied-noir... Ça remonte à loin, quand j'ai commencé à prendre des positions publiques, juste après « 7 sur 7 », je crois. Ça les amusait, moi beaucoup moins. C'était une manière de me caricaturer, avec un personnage connoté. C'était limite... surtout vu le combat que je menais contre le FN.

Limite et un peu plus, et sous le pied-noir Maurice, il y avait le juif, et évidemment, on y pense, et évidemment, si on en parle un peu plus, lui ou moi, ça verse dans la parano, et évidemment, comme ce n'est jamais clair, on n'en a pas envie, pas là... Ou quand même ?

C'est pour ces clichés que tu avais détesté *La vérité si je mens...*

Je n'avais pas détesté ! J'avais même ri... Mais j'avais peur de ce que ce film pouvait provoquer dans l'inconscient collectif. C'était une comédie plutôt bon enfant en apparence, mais elle réduisait la communauté juive à une caricature, à un seul monde. Le Sentier, la tchatche, la flambe, le fric...

Et c'est si grave ?

Ce qui est grave, c'est de nourrir des préjugés, l'air de rien, en jouant du rire, d'images quasiment subliminales... Je me souviens entre autres de ce plan, chez la mère d'un des personnages, où la caméra passe en revue des objets dans le décor, et soudain, tu ne vois que ça : un billet de 100 dollars encadré, au milieu des photos, sur le piano. Le juif et l'argent...

Ce sont les juifs Loubavitch qui faisaient bénir des dollars billets-porte-chance par leur rabbin ! C'est une réalité...

Je n'aime pas cette réalité. Dieu bénisse l'Amérique !

Et là, Patrick est fatigué, quand des juifs alimentent les clichés qui les assaillent. Quand le préjugé devient vérité, et comment l'extirper. Cette histoire du prénom qui n'en était pas un, Maurice Benguigui, je l'avais intégrée moi-même, de bonne foi. J'ai un peu honte. Plus tard, on s'étendra, avec Patrick, sur tous les faux-semblants qui lui ont déchiré l'épiderme, même s'il l'a sensible. Ce n'est pas seulement un écorché juif…

Ton père s'appelle comment ?

Pierre.

Donc, Pierre et Augusta se rencontrent, se marient, partent à Colomb-Béchar ? Tu nais quand même à Tlemcen ?

Oui, et on part. Puis ils se séparent au bout d'un an et elle revient à Tlemcen. Elle y reste deux ans avant la France.

Ça ne se fait pas de se séparer à ces époques-là…

En effet, c'est assez rock'n roll.

C'est plutôt des milieux évolués, instit, laïc ? Ils ont bien réagi ?

Oui… Mais mon grand-père… Je ne sais pas. J'ai peur d'être imprécis… En fait, je n'en sais rien. Tu vois : la pudeur de ma mère… une fois de plus !

On arrête la torture des souvenirs oubliés ?

La torture, c'est de me dire : « Mais, putain, je ne sais pas tout ça !… » Il est temps de faire ma psychanalyse !

Il ne l'a pas faite, évidemment, même si il sait que ça lui ferait du bien ; moi, j'ai une psy, mais la vie ne m'a pas laissé le choix, c'était comprends-toi ou crève. Patrick, lui, a décidé de s'en sortir avec ses névroses, en riant d'elles. Soyons justes. Il a fait une tentative psy, elle est glorieuse, il me la raconte l'air de rien, un autre jour...

Ma grande peur, c'est de ne pas tomber sur le bon psy. On m'en avait conseillé un. J'y suis allé. Les deux premières séances, j'ai trouvé ça intéressant. Très intéressant, même. Mais la troisième fois, ça a tourné au ridicule. J'avais rendez-vous à 15 heures, on m'avait toujours dit de ne pas arriver en retard chez le psy. Donc, malgré une terrible envie de pisser, je n'ai pas pris le temps d'aller au café d'en face. Je suis monté directement. C'est le psy lui-même qui m'a ouvert, je lui ai demandé où étaient les... Et là, il me répond : « Il n'y a pas de toilettes ici ! »

Donc... ?

Donc quoi ? J'ai fait ma séance sans pisser, en me tortillant, c'était grotesque. Quand j'ai raconté ça en rentrant, Amanda – fille de psy – m'a expliqué que c'était logique, qu'il y avait des règles, et que je ne pouvais pas marquer mon territoire partout où j'allais...

Et c'est vrai ?

Je n'en sais rien... Peut-être !... Si c'est vrai, parfait, je veux bien faire un travail là-dessus, mais avant tout, qu'on me laisse pisser !... D'abord le psy, ensuite ma femme ! Du coup, j'y suis jamais retourné et j'ai jamais pris la peine d'essayer de rencontrer quelqu'un d'autre, alors que ça ne m'effraie pas...

En clair, c'est un sublime refus d'introspection au prétexte d'une vessie contrariée...

Ce n'est pas un refus ! Pas une peur non plus, vraiment... J'ai très envie d'une analyse ou d'une thérapie... J'en ai envie depuis toujours. Ou plutôt, j'ai toujours su que ça serait passionnant. Et utile...

Passionnant ou utile ?

C'est peut-être le débat. Passionnant d'abord ? C'est en moi depuis longtemps... Ce que nous fabriquons dans nos têtes me fascine... Je passe mon temps à essayer de comprendre les gens, à essayer de les entendre, de provoquer des confidences quand ils vont mal, quand je les sens fragiles...

Il l'a fait, avec moi, dans l'année des brouillards, et plutôt bien, vraiment bien, et il aime être celui qui aide, et il sait sortir de lui-même et de son tourbillon autoprotecteur, quand l'ami est vraiment en désarroi. Mais aider les autres vous valorise, et Patrick a du mal à accepter l'inverse, être protégé ou aidé... Enfin, je crois...

Tu sais entendre, mais ta question, c'est de savoir être écouté !

Ma question, chez le psy, c'est de ne pas essayer d'être plus rapide et plus intelligent que lui, d'arrêter de vouloir briller, pour me lâcher vraiment, me découvrir... Ma première séance, j'avais un peu fait mon show, puis j'étais entré dans le jeu, et vraiment c'était bien. Et puis il y a cette histoire de toilettes, où je laisse tomber. Ensuite, je n'ai pas eu le temps de recommencer... Mais de la même façon je ne trouve pas le temps de suivre des cours de moto...

Le temps n'est pas un prétexte ?

C'est une contrainte et c'est l'histoire de ma vie ! Mais oui, ce n'est pas seulement une question de temps. Je veux bien recommencer, reprendre une thérapie, mais avec qui ? Comment je trouve quelqu'un ? Et si ça ne marche pas, à nouveau ? On me dit qu'on sent tout de suite quand on rencontre le bon psy. Mais en attendant, je ne sais pas le chercher. Trouver le meilleur moniteur de moto, je sais. Il est à Montlhéry. Le meilleur psy, je ne sais pas...

Pourquoi avais-tu essayé, la première fois ?

Pour mettre ma tête en ordre sans doute. C'était au début des années 2000, quand j'allais devenir père pour la première fois. Je suis allé en psy comme j'ai changé mon nom, pour que mon identité corresponde à mes papiers, comme j'ai commencé à explorer le passé de ma famille. Je voulais régler ce que j'étais pour pouvoir continuer. Je trimballais – je trimballe toujours – un paquet d'oublis et de névroses, et de stress, de choses à résoudre. Je voulais que ce soit fait, pour ne pas les imposer à mes enfants...

Je suis trop bien placé pour en parler, et cette sagesse n'est pas enviable ; on ne résout ni le malheur, ni les regrets, on n'exorcise rien chez le psy, mais on s'accepte un peu mieux, on se déteste plus modérément ? Patrick a bloqué sur sa thérapie mais Oscar et Léon, supporters du PSG entre autres qualités, n'en souffrent pas... Lui, en revanche, court puis rit puis ne rit plus et se dévore et donne trop. Parfois, et pourtant il a tout, le charme et l'aisance, je me demande s'il est heureux...

Tu allais en psy pour faire ton devoir, pour tes enfants à venir... Ton problème, c'est d'y aller pour toi, non ? Tu sais être gentil avec toi ?

C'est le mot de quelqu'un qui voit un psy... C'est marrant, tu n'es pas le premier à me dire ça. Est-ce que je suis gentil avec moi ? Je ne sais pas...

Il faut faire ce qu'on a envie de faire, c'est bon pour la santé !

Qui dit ça ?

Un psy me l'a dit. Je ne vais plus chez lui remarque...

Trouves-en un autre au plus vite !

On revient au passé, au moins, on peut le tenir celui-là, si le présent est en doute...

Pendant la guerre, Tlemcen fait partie du front ou c'est une ville relativement abritée ?

Comme toute l'Algérie, je pense.

Il y a des attentats ?

Ah, la guerre d'Algérie ! Moi, quand je pense guerre, je pense 42, les Américains qui débarquent... Des attentats ?... Oui, bien sûr ! En 62, il est temps de partir, vite...

Qu'est-ce qu'il fera en France, ton grand-père ?

Il sera secrétaire général à la mairie du IVe.

Là encore, il y a une suite, et c'est un autre joli moment des raccommodages de la mémoire. Quelques jours plus tard encore, Patrick revient de l'anniversaire de sa mère, ses 74 ans… Il déborde de joie conquérante.

Tu vois, 74 ans, c'est rien !

Elle ne les fait tellement pas ! c'est incroyable !… *(Je confirme.)* Toute la famille était là. J'ai posé plein de questions, donc j'ai des réponses !

Donc ?

Sur mon grand-père, par exemple. Là, c'est fou parce que je l'ai su ! Il me l'avait raconté… C'est dommage : nos aînés, on ne les écoute parfois que d'une oreille. On a l'impression d'avoir déjà tout entendu, alors qu'on n'a rien retenu… Mieux vaut entendre deux fois que de ne pas se souvenir.

C'est l'idée même du repas de Pessah, la Pâque juive, dont grand-père Elie bousculait les rites : répéter et répéter encore la même histoire, celle de la sortie d'Egypte, de la conquête de la liberté ; Patrick psalmodie une tradition.

Mon grand-père était donc secrétaire général de la mairie de Tlemcen… Je n'avais jamais compris pourquoi nous étions partis dans une telle urgence puisqu'il était fonctionnaire français – et on ne peut pas dire que l'Etat français n'ait pas contribué à l'indépendance ! Donc, je ne voyais pas pourquoi le FLN pouvait lui en vouloir à ce point.

Et maintenant tu sais ?

En fait, mon grand-père était au courant d'un projet d'embuscade. Il a prévenu et il a permis d'éviter un massacre…

Il a averti les soldats ?

Et le FLN l'a su… C'est pour ça qu'on est partis très, très vite. Et qu'il n'a jamais voulu qu'on y retourne de son vivant : il avait peur pour nous.

C'est important de retrouver ça ?

C'est toujours bien de savoir qu'un homme de ta famille a pris des risques pour sauver des vies. Il a d'ailleurs été décoré, il était tellement fier de sa Légion d'honneur… Chevalier ou officier, je ne sais plus. Mais c'était si important pour lui, c'en était touchant… J'ai aussi appris autre chose. Mon grand-père écrivait beaucoup, mais je ne l'ai jamais lu. A sa mort, ses papiers ont été perdus, jetés sans doute. Ma mère m'a dit que ce n'était pas des choses très personnelles, plutôt une ébauche d'une histoire de l'Algérie…

C'est moins grave ?

C'est quand même triste, c'était écrit de sa main…

Compliqué, la famille ?…

C'est plein de questions… Pourquoi on se voit beaucoup, puis moins ? Qu'est-ce qui nous rassemble ? Nous éloigne ? Le plaisir d'être ensemble… Ce lien indéfectible… Les discussions, les controverses… Mais aussi les non-dits, les frustrations… Les obligations… Le rapport est complexe parce qu'on essaie toujours d'insérer des liens d'amitié au sein de la famille, comme si on voulait se prouver que l'on se voit pour de bonnes raisons – parce qu'on s'aime et que c'est intéressant –, et pas parce que des rendez-vous d'anniversaire, le plus souvent, ou des grandes fêtes liées à la tradition nous y obligent… Dans le temps, on se voyait à chaque anniversaire. Quasiment une semaine sur deux.

Et maintenant ?

Maintenant, on les groupe, les anniversaires. Du coup, d'un extrême à l'autre : on ne se voit que quatre à cinq fois par an ! Hier, j'ai dit que ce serait chouette qu'on se voie plus souvent…

Qui est au centre de tes repas de famille, maintenant ? Ta mère, toi ?… Dans un repas de famille, il y a toujours une personne qui est au centre. C'était ton grand-père quand il était vivant…

C'étaient mon grand-père, mes oncles, et puis, ça a été moi, aussi, assez vite… Peut-être de par ma personnalité, mon métier, l'intérêt qu'il pouvait susciter. Cette manière que j'avais de vouloir intéresser les autres… Adolescent, je leur imposais de m'écouter chanter ou réciter des tirades en fin de repas… ils ont été contents le jour où le public a pris le relais !…

Et aujourd'hui, on parle de quoi, dans ta famille ?

Comme toujours : politique, sport et culture. Hier, chez ma tante, on s'est engueulé sur Fillon, sur l'équipe de France, et mon frère David, lui, a regretté que, lorsqu'on évoque Stravinsky on ne parle que du *Sacre du printemps*, alors qu'il n'a pas écrit que ça… Mais, quand même, *Le Sacre* il l'a écrit et corrigé toute sa vie… Donc David nous a fait un exposé sur les deux versions du *Sacre*, au milieu de vingt-cinq personnes qui parlaient, avec des enfants qui hurlaient… C'est mon frère, ça !

Il est classique, ton frère ?

Je l'ai mis au piano quand il avait 6 ans, j'en avais 18 ! Les premières années, ça ne le passionnait pas trop, la prof non plus, il a arrêté. Mais à l'âge de 15 ans, il a repris tout seul, et là il s'est mis à faire des trucs incroyables.

Il te bluffe ?

Je suis fier de lui et de son rapport aux autres. C'est un musicien, un compositeur, un arrangeur, et un mec assez exceptionnel. Et je crois être objectif.

Il travaille beaucoup avec toi ?

Entre deux musiques de film, une compo pour un ballet, un concerto pour deux violoncelles joué dans une église, une pub ou la production de chanteurs, il trouve toujours du temps pour moi. Il est ma première oreille et ça depuis qu'il a… huit jours ! Non mais sérieusement, il a travaillé sur tous mes albums depuis 98.

Elle est jolie, la fierté du grand frère…

David a composé une merveille, un jour, quelque chose qui venait de loin, de très loin… L'impression que cet air lui était dicté par des anges… On ne savait pas que ça deviendrait une chanson. Et c'est devenu la musique d'« Elie », que j'avais écrit pour mon grand-père, après sa mort… La rencontre entre Elie, 96 ans, qui s'en va, et Yohann, le fils de David, qui venait de naître. La transmission… Il y a quelque chose de profondément ashkénaze chez David, qui est troublant dans le sens où nous n'avons aucune racine d'Europe centrale.

« Elie » est une mélopée…

Sa musique rend la chanson bouleversante… Mon grand-père allait partir, il n'avait pas parlé depuis très longtemps. Un matin, il a rencontré mon neveu, à l'hôpital. Et là, c'était incroyable : il a parlé, il a souri, il a transmis quelque chose… Ma chanson est née de ce moment.

Mon père, du fin fond de son Alzheimer – c'est-à-dire qu'il n'apprend plus rien, par définition –, a réussi à retenir une chose, depuis deux ans : c'est le prénom du copain de ma fille.

C'est inexplicable.

Un prénom, Arthur… Mon père sait que Valérie est morte mais il n'en parle jamais…

Jamais ?

Il ne demande pas de ses nouvelles… Ça ne lui est arrivé qu'une fois ou deux…

Mais tu lui en parles ?…

De temps en temps… Parfois, il a l'air triste quand je parle d'elle.

Il a quel âge ?

Il est de 28.

C'est pas vieux.

82 ans, non c'est pas vieux. Putain, c'est son anniversaire ! C'est ça, ce que je dois faire aujourd'hui, c'est acheter un cadeau.

C'est aujourd'hui ?

Oui, mais ne t'inquiète pas… C'est bon…

Parce que t'as dit « putain » comme si tu venais de t'en souvenir…

Je suis comme lui, en moins connu. Moi aussi, j'oublie… Par moments, quand on s'est vu, comme cette fois-là, les nostalgies rentraient en résonance et les rôles s'inversaient, c'était Patrick qui écoutait un mec de son âge qui avait besoin de parler…

Il était toujours socialiste, ton grand-père, après son retour en France ?

Jusqu'au bout, oui !

Mitterrand, le PS, sa carte en poche ?

On l'appelait même « le fils de Jaurès » ! A table, chez nous, ça bougeait pas mal, il y avait toutes les nuances de la gauche… Grosses discussions sur Mitterrand, Rocard, le PSU, sur le bien-fondé du Programme commun du PS de Mitterrand et du PC, mais que Rocard et le PSU n'avaient pas signé ! Et qu'on vendait sur les marchés, tous les dimanches… Heureusement qu'il y avait foot l'après-midi !

Là tu retrouves la mémoire ! En fait, l'Algérie, ce n'est pas ta vie… Tu es un enfant de la France des années 60-70… Tu n'es pas marqué par tes origines juives d'Algérie ?

Elles font partie de moi, de ma culture, mais je suis arrivé en France à 3 ans. On s'installe à Argenteuil en 62. Ma mère est institutrice, on a habité des logements de fonction dans les deux écoles où elle a enseigné. Aujourd'hui, avec le recul, ça a l'air incroyable : le week-end, j'avais l'école pour moi tout seul ! Les classes, c'étaient des cabanes, les boîtes de craies des trésors… Mon pote Rachid habitait lui aussi l'école. Son père était directeur, sa mère instit… Rachid Abderhaïm… Là aussi, quand j'y repense, il n'y avait pas chez nous l'ombre d'une rancœur, contrairement à d'autres familles rapatriées. Ne pas avoir été élevé dans l'esprit de revanche, c'est une vraie chance.

On ne lisait pas *L'Aurore*, on ne lisait pas *Minute*, on ne votait pas Tixier-Vignancour…

Ça non, on ne votait pas Tixier-Vignancour ! On m'a bien appris qui il était quand j'avais 6 ans. Ça m'avait marqué… Je me souviens précisément de la première fois que j'ai vu une de ses affiches, à Argenteuil. Tixier-Vignancour en face de… Mitterrand ! En 1965.

Alors que beaucoup de pieds-noirs votent pour lui ? Par revanche contre de Gaulle…

Ce n'est pas du tout notre histoire, heureusement.

Ton père aussi est rentré en France en 62. Tu l'as revu dans ton enfance ?

De loin en loin. De temps en temps… Au fond, j'ai eu très peu de contacts intéressants. Je me souviens de vacances, de campings pas passionnants… Si ! Je me souviens : en 70-71, quand il est venu à Paris (à l'époque, il habitait à la Réunion), on était allé chez Darty, en bas de la maison. Il m'avait acheté deux disques et un des premiers magnétophones à cassette. J'avais choisi le concerto n° 1 de Tchaïkovski et le *Requiem* de Mozart. Un très beau *Requiem*…

Karl Böhm ?

Oui, bravo ! En Deutsche Grammophon. Et le Concerto de Tchaïkovski par Richter et… je ne sais plus qui… Ah si ! Karajan, bien sûr !…. Ça c'était super ! J'avais 10 ans.

Et à 10 ans, tu demandes à ce qu'on t'offre le *Requiem* de Mozart…

J'aimais beaucoup la musique classique. En sixième, j'avais un professeur de musique incroyable, monsieur Brun, qui nous avait ouvert l'esprit, le cœur et les oreilles au classique. Comme Bruno, le mari de ma tante, un vrai passionné, avec qui on allait parfois à des concerts… Mais ça se mariait très bien avec le reste : rock, variété, reggae, pop… J'étais très éclectique… Très, très éclectique ! J'aimais tout ! C'est une misère, d'ailleurs, d'aimer tout à ce point-là ! Adolescent, j'aimais les Stones et Gérard Lenorman ! Mes copains étaient un peu déphasés… mais je m'en foutais !

Tu ne sais pas faire ou aimer une seule chose à la fois ?

Ça dépend de quoi on parle… Artistiquement, j'ai toujours cultivé mon éclectisme. Enfin, je ne l'ai pas cultivé : je ne l'ai pas combattu.

Ça a du bon aussi de ne rien laisser de côté ?

Ça me rappelle le premier choix que j'ai eu à faire en musique… J'avais 6 ans et, dans le magasin, j'hésitais – longtemps – entre deux 45 tours qui venaient de sortir : « Michele » des Beatles et « Satisfaction » des Stones. Un bon début, tu me diras… Ma mère, grand seigneur, et qui voulait surtout en finir, m'a dit : « Prends les deux ! » Il y a des non-choix plus douloureux…

Plus simple, bien sûr, de parler du trop-plein, de ce qui le nourrit, la profusion qui le fait, que du manque, ce qu'il a raté avec son père, lui qui n'est parfois que cela…

Tu t'expliques le gâchis avec ton père, toutes ces années ?

Oui et non… mon père, c'est un lourd dossier. On ne construit rien en se voyant par intermittence. Nos relations ne sont pas géniales. Je ne sais pas si ça me manque ou pas… Concrètement, ça ne me manque pas. Mais inconsciemment, je me suis sans doute construit là-dessus. Et du coup, je me suis fabriqué pas mal de papas de rencontre.

Qui seront ?

Mon grand-père, évidemment, et mes oncles… Les pères de mes amis… Des rencontres… J'ai besoin d'admirer. Et quand j'admire, j'ai envie qu'on s'intéresse vraiment à moi. Parfois, il suffit d'une phrase, d'un regard, d'un geste d'encouragement pour y voir un référent...

Tu dis que tu as eu beaucoup de pères de substitution...

C'est assez large... La plupart des noms ne te diraient rien. Tu en connais quelques-uns... Presgurvic, bien sûr. Jean Frydman, Guy Carcassonne, Arcady. Ils font partie des plus proches, et même plus que ça... Ce sont les amis des grandes décisions, que j'appelle en cas de réel problème ou de choix important... Guy est tout aussi bon pour m'éclairer sur un problème économique ou social, que pour organiser un week-end surprise avec ma copine, trouver un bon restau, une idée ou un lieu bien adapté. Il a toujours la bonne adresse à me donner... Sa disponibilité me touche. Et puis, on se marre bien. On est nés un 14 mai tous les deux ! Un jour, on l'a fêté en tête à tête au Grand Véfour, c'était chouette.

Carcassonne, grand prof de droit, tu l'admires pour son sens de gourmet !

Je l'admire pour tout ce qu'il est. On s'est bien sûr rencontrés sur le terrain politique, qui me passionne, ça ne date pas d'hier... Je l'ai connu à l'occasion d'un déjeuner à Matignon, quand il était au cabinet de Rocard. On a tout de suite accroché. Quelques années plus tard, il m'a beaucoup aidé à préparer mon « 7 sur 7 ». Nous avons toujours eu des discussions plus qu'enrichissantes ; je suis fasciné, au-delà de son côté brillant, par son bon sens. Je me souviens du moment où il préparait un projet de Constitution afghane, c'était passionnant de voir le cheminement de sa pensée, ce qu'il construisait par rapport aux attentes de Karzaï et surtout des tribus… L'Afghanistan souffre aussi de ne pas avoir suivi la Constitution de Guy !

Ce genre de discussion, c'est à des années-lumière de ce que tu racontes d'habitude…

Ça dépend à qui. Mais la politique fait partie de mon quotidien. C'est ton étonnement qui me surprend !

Dont acte, et pan sur les préjugés. Mais il n'empêche, Patrick est bien là, au carrefour de plein de gens qu'on n'attend pas, pas forcément, dans l'entourage d'un chanteur populaire, en tout cas dans un vieux pays cadenassé comme le nôtre… Si les vies des hommes étaient bien rangées, selon les canons des apparences, ce mec n'existerait pas… Donc, la galaxie Bruel compte Carcassonne, constitutionnaliste émérite et conseiller de Rocard au temps de la gloire, mais aussi Jean Frydman, résistant, industriel, inventeur d'Europe 1, qui consola Giscard après sa défaite, qui voue désormais son âge à la paix au Proche-Orient, ami de Rabin, Peres ou Barak. Et aussi, dans son enfance, Georges Suffert, intellectuel et journaliste venu du mendésisme, devenu porte-étendard de la droite de résistance intellectuelle, contre les euphories de l'après-68. Pourfendant les « intellectuels en chaise longue », il avait redonné du cœur aux minoritaires de la pensée… C'est à cette époque que le jeune Patrick l'avait choisi comme père de substitution…

Suffert, c'est le père de Marion, ma meilleure amie. On passait pas mal de temps ensemble, entre leur maison de campagne et leur appart dans le XIIIe… Il est de droite, catholique, à l'opposé de toutes les convictions de ma famille. J'avais 15 ans, on se frottait pas mal ! Mais il me permettait de revenir chez moi avec d'autres arguments… Et en même temps, à côté de ça, c'est Raimu, le père Suffert.

Il est du Midi ?

Non, mais son comportement, sa façon de parler, d'être avec les gens, de recevoir… Et puis, il m'aimait bien, il taquinait mon côté chanteur en herbe, il disait : « Le pire, c'est qu'il va réussir, ce con ! » Et quand il me voyait souffrir avec ma guitare, en chantant du Brel : « … mais n'oublie pas de les faire marrer ! »

J'en atteste pour avoir vu Le Prénom*, il sait les faire marrer…*

Toute ma vie, finalement, est jalonnée par des amitiés avec des gens souvent plus âgés que moi…

Ça va devenir dur !

Encore !

Il a refait sa vie, ton père ?

Oui, plusieurs fois.

Donc tu as des frères et sœurs de l'autre côté ?

Deux frères.

Mais qui ne font pas partie de ta tribu ?

Je m'entends plutôt bien avec eux, je suis content quand je les vois. Mais c'est tellement rare. Je manque de temps pour une autre tranche de vie…

Avec ta mère, tu es resté longtemps à Argenteuil ?

Sept ans. En 69, Maman se fait nommer à Paris, et elle demande à être dans le Ve pour être proche de Censier, elle vient d'y reprendre ses études de lettres... Mais en fait, c'est pour que j'aille à Henri-IV.

En 69, tu n'as jamais que 10 ans ?

Elle s'y prend un an à l'avance ! Je fais mon CM2, rue Rollin, près de la place de la Contrescarpe. Et je rentre à H4 en sixième !

Tout ça pour toi ?

Bien sûr que non ! Elle voulait vraiment aller à Censier. Mais j'aime bien l'idée qu'elle ait fait ça pour moi... Ma mère, ce héros... ! Et puis il y a pire comme quartier ! On n'est pas dépaysé, on connaît bien le Ve. Un an plus tôt, elle faisait partie de quelques mouvements étudiants. Elle était assez militante... J'ai le souvenir d'être sur le Boul'Mich en 68, elle dans les manifs, et moi au cinquième étage d'un appartement de la rue Gay-Lussac, chez des amis... aux premières loges ! Bon début pour se forger une conscience politique.

Tu te méfies d'une histoire qui a l'air édifiante ? Le gosse de banlieue qui s'en sort parce que sa mère a eu la stratégie de venir à Paris ?

Oui, mais est-ce que je m'en sors parce que je suis à Henri-IV ? Je n'en sais rien !... Et puis, regarde ma vie : dans la logique d'H4, j'aurais fait Normale sup ou l'ENA...

Mais pour devenir le saltimbanque génial que tu es, camarade, tu aurais pu rester à Argenteuil tranquillement !

Ça, on ne le saura jamais… J'aurais pu rester à Argenteuil, mais je n'aurais pas eu la même…

... la même amplitude ?

C'est difficile à dire, mais oui, sans doute. Paris et Henri-IV constituaient forcément une ouverture différente, mais en aucun cas une garantie de succès, quel que soit le domaine… Il y a aussi des abrutis dans les « grands lycées parisiens »… Maintenant, le niveau d'une école, ça compte évidemment. Je vois Oscar et Léon à l'EABJM[1]… Le développement intellectuel, culturel, la vitesse d'apprentissage… Et tout ce qui leur est offert. C'est vraiment impressionnant.

Toi, c'est la vitesse de l'ascension sociale que tu as rencontrée à H4…

J'y ai rencontré des gens intéressants. Des enfants de gens très intéressants, en tout cas… J'ai eu des professeurs passionnés et qui savaient être passionnants. Mais c'était quand même un collège avant d'être un lycée, on était quand même des enfants, on avait envie de faire les cons et de ne pas étudier. Sauf qu'à Henri-IV, même quand tu ne veux pas étudier, tu étudies quand même bien plus qu'ailleurs…

Henri-IV c'est le lycée de *La Boum* ?

Et du *Péril jeune* !… Mais il y a un autre lycée qui a compté, c'est Claude-Monet, dans le XIIIe. J'habitais

1. Ecole Active Bilingue Jeannine Manuel.

devant. Il n'y avait pas encore de filles à Henri-IV, alors qu'à Claude-Monet... ! A cette époque, je suis en quatrième, mon plus grand plaisir, c'est de m'occuper de David, qui n'a que quelques mois et qui bouleverse merveilleusement ma vie. Je l'emmène partout avec moi. Dès que je sors du bahut, je fonce à la crèche pour arriver avant ma mère, je le fais goûter, je le change et je le promène au square avenue de Choisy, en bas de chez moi...

Le grand frère idéal...

Et je comprends à quel point on peut joindre l'utile à l'agréable... Au square, il y a les filles de Monet. Et quand elles voient un bébé, elles s'extasient : « Oh, qu'il est mignon ! »... Ah, David, si tu savais ce que je te dois !... C'est comme ça que j'ai rencontré ma première bande : Marion, Pascale, Philippe... Et mes premières amours : Patricia, Laurence qui finira par se marier avec le frère de Marion...

Marion, c'est Suffert ?

Oui. Et Patricia, ma petite amie. Enfin, petite... elle était bien plus grande que moi, alors je l'obligeais à marcher sur la chaussée et moi sur le trottoir ! Patricia, tout le monde en était amoureux. La belle blonde du lycée ! J'étais hyper fier d'être l'élu... C'était vraiment une jolie bande. Quand quelqu'un faisait un peu le con, il était ramené par les autres. C'était fort et pas si courant. Dans cette bande, il y avait Eric Jacquet, mon meilleur ami, celui qui était toujours là pour t'aider. Il sortait avec Marion... Je me souviens d'un dimanche matin, on avait tous dormi chez elle. Je m'étais couché un peu miné parce que je n'avais toujours pas fait ma « dissert pour lundi », et ça me semblait insurmontable. Je l'avais dit à Eric, entre deux sangrias. On était dans la même seconde à H4. Lui avait bien sûr fini la sienne depuis longtemps : il était de loin le meilleur de la classe. A mon réveil, j'ai ouvert un œil et j'ai vu ma dissert posée là, sur l'oreiller. Putain !... Il l'avait écrite entre 6 et 9 du mat... Un élan de pure gentillesse, de délicatesse. J'y repense très souvent... En plus, j'ai eu 15 !

...

Deux ans plus tard, Marion a organisé un week-end chez elle, à la campagne, pour l'anniversaire d'Eric... Ses 18 ans. On était assis, tous ensemble, quand il nous lance : « Voilà, je veux vous dire quelque chose d'important... »

« Je suis homo »...

Tu étais là, ou quoi ? !... Ça a été une déflagration, et un très beau moment à la fois. Il y a eu un silence, mais pas pesant. Les têtes se sont tournées vers Marion... Elle a sûrement eu mal, mais a pris sur elle, elle ne voulait pas confisquer ce moment. Globalement, j'ai le souvenir d'une réaction magnifique, de la part de tous. C'était un « *So what ?* » très sincère. Il nous a expliqué qu'il menait une double vie depuis l'âge de 13-14 ans. On n'avait rien vu. On s'en est sans doute un peu voulu ; il avait dû se sentir seul, souvent... Marco a dit : « Tu comprends maintenant pourquoi il t'a fait ta dissert ? » Tout le monde a éclaté de rire. C'était fait. Et qu'il nous en parle comme ça, c'était beau... Beaucoup moins beau huit ans plus tard, quand il est mort.

Sida ?

Oui.

A l'époque, on ne prenait pas de précautions...

On avait eu une discussion là-dessus, trois ou quatre ans auparavant. Je lui avais dit :

« Ça serait quand même bien de faire des tests... tu as connu la grande période dingo...

— Ça ne servirait à rien.

— Pourquoi ?

— Parce que je n'ai plus aucun rapport non protégé. Donc, faire le test – à part m'apprendre que je suis malade et me ruiner le moral – ne va pas changer mon comportement. Donc je n'ai pas besoin de savoir. »

Là, j'ai compris qu'il était quasiment sûr qu'il y avait un problème et, à l'époque, il n'y avait pas encore de trithérapie... Un soir, Marion m'a appelé pour me dire que ça s'était déclenché. On l'a accompagné du mieux qu'on a pu. On était face à une réalité d'une violence inouïe. C'était tellement concret... ça n'arrivait pas qu'aux autres... j'ai écrit une chanson, « Pars pas », que j'ai enregistrée quelques années plus tard.

Tu penses souvent à lui ?

C'est curieux... J'ai déjeuné avec Guy et Olivier Duhamel dans un restaurant juste en face de chez lui, il n'y a pas longtemps. En face du 9, rue d'Assas... Je regardais la porte cochère... Ils ont dû me sentir ailleurs.

Tu as failli jouer dans le film emblématique des années Sida, *Les Nuits fauves*. L'histoire d'un jeune

séropo, bisexuel, qui veut vivre pleinement malgré la maladie...

Cyril Collard avait même écrit le rôle en pensant à moi. C'était son histoire, mais il voulait que je la joue. Il m'avait envoyé le script accompagné d'une lettre magnifique. Je l'avais connu quand il bossait avec Pialat ; j'avais passé des essais pour *A nos amours*... Sa confiance et son histoire m'avaient bouleversé. Mais j'avais refusé le rôle.

Pourquoi ? Tu ne voulais pas jouer un homo ?

Ce n'est pas ça. Cyril est venu me voir à Angers où j'étais en concert, pour me convaincre. C'était juste avant que j'entre en scène... Il y avait 10 000 personnes qui criaient mon nom, on s'entendait à peine. Je lui ai dit la vérité : « Jouer un homo, un séropo, jouer des scènes de cul hard dans une pissotière, je n'aurais aucun problème avec tout ça, c'est un travail d'acteur. Jouer un mec séropositif qui couche avec une jeune fille sans se protéger et sans rien lui dire, c'est affreux, mais c'est toujours du travail d'acteur... En revanche, que la fille n'attrape rien, ça devient autre chose : un message social que je ne veux pas assumer. Je sais que tu as vécu ça avec ta copine et que donc c'est possible. Mais je ne me vois pas laisser penser à tous les gens derrière ce rideau qu'on peut parfois éviter de se protéger. »

On était en pleine Bruelmania, comme on a dit, en novembre 90, quand Patrick était un phénomène de société, idole des jeunes et prescripteur, dont les mots, les gestes, les audaces ou les imprudences pouvaient changer la vie des gens...

J'ai dit à Cyril que je savais qu'il ne changerait pas son scénario parce que c'était sa vie. Mais moi, je ne pouvais pas le porter. Il m'a dit qu'il ne proposerait le rôle à aucun autre acteur. Finalement, il l'a joué lui-même. Et ça ne pouvait être que comme ça.

Tu as regretté d'avoir dit non ?

Le film était tellement beau que l'acteur a regretté...

Mais seulement l'acteur...

Voilà.

Dans ta chanson « Place des Grands Hommes », avec sa promesse « rendez-vous dans dix ans », tu évoques ta bande de jeunesse... Vous avez tenu votre promesse ? Vous vous revoyez ?

Pas tous les dix ans. Plus souvent. La semaine dernière, pour l'anniversaire de Laurence, il y avait tout le monde. Plus leurs enfants qui ont presque tous... autour de 20 ans ! Ça fait un petit choc, quand même !... Je les avais aussi revus à Tours il y a deux ans, pour un concert. L'un d'eux habite là, et ils étaient tous venus pour la soirée. C'était très sympa, les pâtes chez Refa, après le concert... Ils avaient été touchés par « On t'attendait » que j'avais écrit pour Marco. Dans la bande, c'était celui vers lequel on se tournait naturellement, l'intello saxophoniste ténébreux. Il s'était mis un peu en retrait, à l'époque. « On t'attendait » est en fait la suite de « Place des Grands Hommes ». Celui qui n'est pas venu au rendez-vous...

Ce qui est vrai ?

Oui. Le rendez-vous de la chanson a vraiment eu lieu. Pas sur les marches du Panthéon, mais un an avant la date prévue dans « Avis de recherche » de Patrick Sabatier. Tout le monde était là, mais Marc n'est pas venu... Cette émission était très émouvante...

Pourquoi as-tu changé de lycée ?

Pour aller en B, en sciences-éco : il n'y avait pas de section B à Henri-IV. Et j'avais envie de bouger. Ma mère était désespérée que je veuille quitter le plus grand lycée de France qui, lui, voulait me garder en littéraire. Mais les débouchés me paraissaient limités. Pour rester à H4, il aurait fallu aller en scientifique et je n'avais pas...

... le feu sacré des maths ?

... le feu sacré du travail scolaire ! Je n'ai jamais travaillé énormément ; mes bons résultats sont en langues, en français, en sciences humaines... Et je m'intéresse déjà beaucoup à la politique, à la vie sociale. Donc, à un moment donné, la bonne destination, c'était B.

Mais il y a pas mal de maths en B ?

J'avais quand même quelques notions ! Mais...

Je croyais que tu étais un joueur d'échecs ? Ça ne va pas ensemble ?

Normalement, oui. Mais je passe directement à la fin de la stratégie, en occultant l'exercice, ce qui peut donner un parcours aléatoire... J'ai fait le désespoir de mes oncles, qui essayaient de me donner des cours de physique et de maths. Et mon 14 au bac leur restera inexpliqué.

Dieu t'a regardé...

Non, c'est plutôt moi qui ai regardé le mec devant !... Dieu m'a juste donné de bons yeux : 12/12 !

Et pourquoi Villon ? Le poète sulfureux ?

Mon oncle Pierre y était allé. Mes grands-parents habitaient porte de Vanves. En plus, Villon venait de nous battre en finale des championnats de Paris de hand. J'étais le capitaine d'Henri-IV, ça prenait des allures de transfert ! La classe, quoi !

Ça c'est fondamental... L'enfance, c'était ça ? Le hand ? La guitare ?

Le foot, le ping-pong... On gagne le championnat de France par équipes de tennis de table, le championnat de Paris de hand deux années de suite, et on fait une finale de championnat de France universitaire contre Gagny. On monte haut avec H4 ! Mais quand Villon nous bat, avec leurs maillots bleu ciel, dans leur beau gymnase à l'intérieur même du lycée... ça change tout.

Et en dehors du sport ?

Je fais des rencontres. C'est plus *roots*, plus populaire. Très libre aussi. Dès le premier cours de sciences-éco, on discute en classe comme dans les déjeuners de famille, comme avec des copains... C'est très concret, on s'engueule presque... Je me fais de vrais potes :

Pierre-Marc Sanna, un petit génie qui finira avec mention Très Bien au bac, Gilles, Djamel… C'est une nouvelle bande, qui ne veut pas trop se mélanger avec celle de Marion, jugée trop bourge ! Moi, je suis bien partout, je traverse les mondes !… Après le lycée, on se retrouve chez Pierre-Marc ou Gilles, avec les guitares, les *song books*. Les premiers accords sur Dylan, Maxime, Cat Stevens, Lennon… Et bientôt, les premières chansons.

Avant le lycée, l'enfance, c'est le clan familial, c'est le tête-à-tête avec ta mère ?

Elle se remarie en 70 avec Philippe. Elle l'a rencontré en 66, en Corse.

Ça bouleverse ta vie ? Ton équilibre ?

C'est une belle histoire, mais c'est aussi un choc culturel. Nous sommes catapultés dans un univers dont je n'ai pas les codes, une famille de la haute bourgeoisie des Deux-Sèvres, à Niort précisément… J'étais forcément en réaction : c'était à l'opposé diamétral de ma famille ! Un jour, je devais avoir 13 ans, je leur ai balancé au milieu d'une discussion dans un silence abyssal : « On est en plein dans les normes caricaturales de l'idéologie bourgeoise ! » Oups ! Certains l'avaient mal pris. Il n'y avait même pas eu de débat… Je voulais un débat, moi !… Mais je passais quand même de bonnes vacances avec René, le père de Philippe, qui était le seul à s'être marré…

Et Philippe ?

Il avait un peu le cul entre deux chaises ! Pas facile à gérer, mais il me protégeait quoi qu'il arrive… J'aimais beaucoup son père. Encore un de mes référents plus âgés ! Le grand-père Moreau et moi, ça a été instantané.

Lui, ce n'était pas un bourge ?

C'était LE médecin de Niort, il avait pignon sur rue... Il me donnait de l'affection, alors que les autres étaient assez durs et me regardaient un peu comme ça... Moi, au début, j'ai 10 ans, je ne suis sûrement pas facile et je les cherche.

Tu bouges ? Tu testes tes limites ?

Je pousse les gens dans leurs retranchements. Et puis mon caractère, ma personnalité... Je suis un peu à part. Je ne suis pas tout à fait un petit garçon comme les autres.

Pourquoi ?

Parce que j'ai besoin d'attention, que ce soit centré sur moi ! Je ne veux pas être fondu dans un moule. Et d'un coup, avec ce remariage, je me retrouve assis avec un tas de cousins que je ne connais pas, quand les grands sont à une autre table... Moi, j'ai toujours été avec des adultes, on ne m'a jamais mis à une table avec des enfants ! C'est impensable pour moi, et pour ma mère également. Donc ça crée tout de suite une tension...

Mais pas avec le grand-père ?

Pas avec René. Il comprend tout, tout de suite. Et il joue avec moi. C'est avec lui que j'ai commencé à jouer aux cartes.

A quoi, d'abord ? La bataille ?

Le couillon. C'est une sorte de 8 américain où le valet vaut 21. C'est très sympa... Le bridge aussi. Il était le président des clubs de bridge de Niort et de Megève.

Megève ?

Ils y ont un chalet. Donc, je vais pouvoir faire du ski à Megève ou du cheval avec René. C'est lui qui m'a fait découvrir le vin aussi – on se nourrissait bien, on mangeait des choses très raffinées dans cette famille, c'était une nouveauté... Un jour, à table, il a débouché une bouteille, et il m'a servi en riant... « Tant qu'à découvrir le vin, autant que ce soit avec une bonne bouteille : c'est du château-lafite 28 » ! J'étais jeune, vraiment. J'ai entendu qu'on protestait, « c'est de la confiture donnée aux cochons ! ». Par esprit de contradiction, j'ai trouvé ça délicieux... Je crois bien que ça l'était.

Pourquoi René t'a-t-il aimé ?

Il avait vu quelque chose en moi. Je ne sais pas. Il m'aimait et je l'aimais aussi. Plus tard, j'ai compris qu'il y avait aussi autre chose. J'ai découvert son histoire, qu'il avait un secret, il me l'avait laissé entendre sans en parler...

Un beau secret ?

René était un Juste. Pendant la guerre, il avait fait des choses admirables, il avait sauvé des juifs, des résistants. J'en ai découvert les détails très récemment. C'est ma mère qui m'en a parlé : Philippe a retrouvé des documents... Un témoignage datant de 1944 racontant comment René avait sauvé une de ses patientes, juive. Il faisait hospitaliser des familles pour leur éviter la déportation ; il les prévenait des menaces… René avait soigné un capitaine de la Gestapo d'une maladie vénérienne que ce nazi avait eu honte de montrer à des médecins militaires allemands. En échange, l'autre l'avait informé d'une vague d'arrestations imminente !

Le docteur Moreau ne parlait pas de sa belle guerre ?

Je ne crois pas. Ou la famille n'avait pas envie d'en parler. Avec moi, c'était autre chose… Quand Maman et Philippe se sont séparés…

Tu as perdu René…

Forcément. Je l'ai peu revu, toutes ces années… Je devais aller à son enterrement, avec mes frères. J'ai raté le train pour Niort. A 20 secondes près.

Un acte manqué ?

Je n'avais jamais raté un train de ma vie ! Et je n'ai plus jamais raté de train.

Tu n'es pas allé à l'enterrement ?

Le train suivant arrivait trop tard. Je voulais vraiment y aller, pourtant… J'irai peut-être le voir, un jour.

Philippe, ton beau-père, qu'est-ce qu'il est devenu ?

Il a refait sa vie.

Il faisait quoi, lui ?

Artiste peintre quand on l'a connu, puis architecte-décorateur. Il avait fait Archi, les Beaux-Arts ou les Arts déco. Je ne sais plus. Très doué, une culture… Gamin, les plus grosses discussions que j'ai eues, c'était avec lui. On débattait de tout… Toujours passionné, excessif, mais tellement intéressant. Je me souviens de soirées dans la cuisine, avec Philippe et Maman, à écouter la radio… Les débats entre Bory et Charensol dans « Le Masque et la Plume » ont été ma première université de cinéma !

Et les Deux-Sèvres, c'est vraiment le choc social, culturel ?

C'est la première fois que j'ai perçu une différence – sociale, culturelle, religieuse, tout à la fois. A Argenteuil, on fréquentait plutôt un milieu communiste, ou en tout cas exclusivement de gauche.

Ta mère est communiste, à l'époque ?

Elle vote PC. Quelle alternative y avait-il quand on était de gauche, à Argenteuil ? Ma famille est à gauche, elle est restée à gauche, elle a toujours été à gauche… jusqu'à avoir voté Ségolène en 2007 !

Quand tu parles de « différence » que tu ressentais à Niort, c'était social ? Vos origines juives ?

Oui… Non… C'était une sensation : une femme qui arrive, seule, divorcée, juive, communiste, avec un enfant. Tu vois le tableau ? Il y avait de très bons moments, de la gentillesse, de la douceur, des cadeaux à Noël… Mais on s'est senti un peu différents dans cette famille catholique et bourgeoise. Je me souviens d'un mini-drame. J'étais tombé dans la Sèvre en pêchant le gardon… Et quand j'étais revenu à la maison couvert de boue, au lieu de me sécher, la Mamie avait fait un scandale, sur le mode « Ciel, mon tapis ! ». Là, ma mère s'était vraiment mise en colère !

Mais en général, il y avait des réflexions désagréables ?

Pas directement... Mais des trucs comme « ici, on ne fait pas comme ça... ». C'est pour cela que découvrir le passé de René m'a fait du bien, rétrospectivement.

Et tu es sûr que ce n'est pas une reconstruction, parce que tu étais mal de voir ta mère remariée...

Ça peut jouer. Mais Philippe a quand même fait une scission avec le reste de sa famille à cause de petites choses désagréables nous concernant... En réalité, moi, j'ai été épargné. Ma mère faisait paravent, pour une enfance sans larmes... C'est une des phrases de « Raconte-moi ».

Et chez vous, la famille juive, on regardait comment le monde extérieur ? Juste comme des gens de gauche progressistes, ou en marquant quand même la différence entre les « goys » et « nous »...

Je ne laissais pas dire ça, même quand j'étais petit.

Mais on disait les goys ?

En réalité, on ne l'entendait pas tellement, mais si peu que ce soit, ça me hérissait. Je détestais ce mot.

Parce que tes copains de classe n'étaient pas juifs, ça te gênait vis-à-vis d'eux ?

Ça me gênait et ça me gêne encore vis-à-vis de n'importe quelle oreille qui peut l'entendre ! C'est un mot de fermeture, qui heurte le juif que je suis. Goy, si tu le prends dans le vrai sens littéraire, « goyïm », les peuples, il n'y a pas de problème : ce sont les autres peuples avec qui nous vivons. Mais c'est devenu autre chose, un mot péjoratif, un « eux » opposé à « nous ». Ça, je ne l'ai jamais admis… Quand j'ai eu 13 ans, la majorité religieuse chez les juifs, j'ai demandé à ma mère de m'emmener chez un rabbin, pour devenir Bar-mitzva. Comme ça, d'un coup, à l'arrache. Puis j'ai suivi des cours. Ça m'a plu. Jusqu'au jour où l'on m'a expliqué que je ne pouvais pas sortir avec une « goye ». Il se trouve que j'étais avec Patricia, la belle blonde aux yeux bleus… et j'ai claqué la porte !

Ça fait partie du langage courant…

C'est dommage. Un jour, j'ai reçu une lettre de Jean Daniel, une très belle lettre ; je n'ai jamais osé lui répondre.

C'était quoi, cette lettre ?

J'avais fait l'émission de Pivot. Celle d'après « Apostrophes », parce que « Apostrophes » je n'avais pas l'âge !…. J'étais son invité principal. A la fin du questionnaire de Proust qu'il soumettait chaque semaine à une personnalité : « Le mot que vous détestez ? »…

Et tu réponds goy ?

Et il me demande : « Pourquoi ? Parce que vous n'aimez pas les goys ? » « Non, je n'aime pas le mot. Je pense qu'à chaque fois qu'il est prononcé, il fabrique un antisémite. » Il me regarde, ne dit rien, on passe à la question suivante. Et je reçois une lettre de Jean Daniel, me remerciant. J'étais sidéré et tellement touché...

... que tu n'as pas répondu ?

J'ai fait une crise d'humilité. Qu'est-ce qu'il en aurait eu à faire, de ma réponse ?... C'était stupide ! Parfois, je suis un peu fou ! Je n'ai jamais bien su entretenir ce type de relations. Faire un suivi. Je rencontre quelqu'un de passionnant, je devrais tout de suite lui écrire une lettre, ou quelque chose du genre, comme le faisait Truffaut : chaque fois qu'il croisait quelqu'un, qu'il avait une sensation forte, il écrivait... Et puis après, poursuivre. Un homme comme Jean Daniel, j'aurais dû lui répondre, il aurait dû me re-répondre, on aurait dû se voir, on aurait pu créer quelque chose depuis des années...

Bruel encore, faut-il vraiment le souligner ? L'anecdote Jean Daniel lui ressemble, dans sa manière de se raconter : d'un côté, l'homme droit, contre les préjugés, qui marque son moment et provoque l'émotion d'un vieux sage ; de l'autre, l'inadapté social, infichu de prendre le temps et la profondeur des choses, comme effrayé de ce qu'il pourrait rencontrer. Fier de lui, et plein de regrets, se vantant et s'autoflagellant à la fois. Tout est vrai en somme, et aussi cela : Patrick le frémissant, ramenant à lui-même ses courages ou ses manques, ses sensations, les drames de ce monde. Puisqu'on y est, à l'antisémitisme, aux juifs, il faut poursuivre ? On en a parlé un autre jour et même souvent. Evidemment, ça le travaille.

Ça existe dans ta vie, l'antisémitisme ?

Non. Mais oui : Oscar l'a déjà rencontré.

Ton fils ?

A l'école. Le matin, je prépare les *lunch-box* des enfants… Ils sont à l'école bilingue et, comme tous les trucs américains, c'est une tradition, la *lunch-box*… Il s'avère qu'un jour, mal réveillé, je ne mets dans celle d'Oscar que des maki concombres et j'oublie le sandwich…

Des maki concombres ?

Il adore tout ce qui est japonais… Bref, il n'a pas assez pour déjeuner. Un de ses copains lui dit :

« Je peux te donner un de mes sandwichs.

— Mais moi je ne mange pas de jambon, je ne mange pas de porc.

— Pourquoi ?

— Parce que je suis juif. »

Et son copain – son meilleur copain ! – lui balance :

« Ah bon, t'es juif, alors t'es plus mon copain ! »

C'est ennuyeux.

(Il sourit.) C'est sûrement le mot, oui… Quand Oscar nous a raconté ça, j'ai reçu un coup de poing à l'estomac. Je suis allé à l'école, j'ai vu la directrice, la maîtresse, toutes les deux vraiment préoccupées et se demandant si ça venait de l'extérieur, de la famille, ou des discussions qu'ils auraient eues en classe sur les religions. Elles ont décidé d'en parler sous ce nouvel angle devant toute la classe. Moi, je voulais surtout que les parents soient informés, j'ai dit que j'étais prêt

à les voir s'ils le voulaient. Dès le lendemain 8 heures, ils m'attendaient devant l'école, tous les deux, visiblement secoués, ne comprenant pas où il avait pu entendre ça...

Et toi ?

Dans la nuit, j'avais commencé à écrire une chanson : « Maux d'enfants »... Je ne vais pas te dire tout le texte, mais enfin, en deux mots : « On répète ce que l'on entend, on cherche sa place dans le vent », « Ne lui en veux pas, c'est un enfant. Il est comme toi, il a 6 ans. »

Et les parents, tu les crois sincères, ou ils disent des conneries à table ?

J'ai pris mon parti de les croire. Mais surtout : « L'important c'est que vous compreniez pourquoi il l'a dit... » Quelques semaines plus tard, ils ont invité plusieurs enfants à déjeuner, dont Oscar. Pizzas *party*, mais que des regina, c'est-à-dire avec... jambon ! Provoc, bêtise ou négligence, ça n'avait pas fait son chemin... Oscar est redevenu ami avec le môme. Mais il lui arrive encore d'en parler.

Toi gamin, ça ne t'est jamais arrivé ?

Gamin, non, à part quelques sensations peut-être, mais rien de frontal. Ça m'est arrivé deux-trois fois, beaucoup plus tard, souvent de là où je ne l'attendais pas... Par exemple, une nana, un jour, sur les Champs-Elysées, une beurette... Je suis sur mon scooter, elle va pour traverser, je donne un petit coup de klaxon, elle sursaute, énervée... C'est vrai que j'arrivais un peu vite. Je me gare, j'enlève mon casque, manifestement elle me reconnaît et, au lieu de : « Connard ! » ou autre...

Elle dit quoi ?

Je n'ai même pas envie de te le répéter, mais ça parlait des juifs et ce n'était pas gentil...

C'est arrivé quand ?

Il y a six, sept ans.

Et ça ne s'était jamais produit ?

Pas en pleine gueule, comme ça... Je reste là, scotché ! Je la regarde avec l'envie de lui dire : « Mais tu sais que je me suis battu pour toi, moi ? Que j'ai milité, chanté sur des podiums, fait des concerts, soutenu SOS Racisme, pris des coups dans des manifs, pour toi, pour défendre tes droits et ta dignité ! Fallait pas toucher à mon pote !... Et c'est une pote qui me dit ça ! A moi !... Te trompe pas d'ennemi, merde ! »

Et tu ne lui dis rien ?

Non. Je marche un moment sur les Champs. La colère laisse place à la tristesse et l'interrogation... Combien de temps encore allons-nous payer le prix du conflit israélo-palestinien ? De son transfert dans notre société par le biais des communautés ?

C'était plus dur parce que ça venait d'une beurette ?

Parce que l'antisémitisme ne vient plus uniquement de là où on l'attendait. De l'extrême droite, du FN... Qu'il puisse s'exprimer dans des milieux « progressistes » ou beurs, ça me bouleverse.

Les gens célèbres sont comme les autres, et pris dans les mêmes maelströms. Après les années 2000, dans la vague de la deuxième Intifada, une violence antisémite a fait jour en Europe, et une peur juive démultipliée, incompréhensible souvent au reste de l'opinion. Patrick Bruel né Benguigui a été capté par ce trou noir, bousculé par ce vent mauvais né au Proche-Orient, ou dans l'idée qu'on s'en fait. Il en a nourri ce qui le travaille, et aussi son détachement de la gauche, à l'époque au pouvoir, passive devant une haine jusque-là inconnue.

Tu en veux à la gauche d'avoir été lente à réagir, quand des juifs ont été agressés ?

J'ai plein de sujets de déception avec la gauche, mais celui-là aussi ; elle n'était pas au rendez-vous quand des jeunes juifs ont commencé à se faire agresser dans des collèges ou ailleurs. Toi et moi, nous avons fait toute notre scolarité dans le public. Aujourd'hui, tu as des familles juives qui sont obligées de changer leurs enfants d'école, parce que « nous ne pouvons pas assurer leur sécurité » ; c'est ce que des amis à moi ont entendu dans le XXe arrondissement. Au nom de la solidarité avec les Palestiniens, une partie de la gauche a choisi de ne pas réagir, comme si l'Intifada justifiait qu'on agresse des juifs ici, et vice versa bien entendu ! J'attendais que les responsables politiques calment les tensions. Au lieu de ça, on a mis beaucoup d'huile sur le feu, au lieu de dire et de répéter, tant aux enfants juifs que musulmans, que ce conflit ne pouvait en aucun cas être transféré dans les cours d'école, ou ailleurs.

Dix ans ont passé, on y est encore. Les violences sont moins nombreuses, la déchirure a eu lieu. Moins physique

que psychologique désormais… Les juifs de France, amoureux d'Israël, ont souvent le sentiment de ne pas voir le même film que leurs compatriotes. Patrick est de ceux-là, moi aussi, de ces juifs inguérissables de ce qu'on pensait avant – quand Israël était un Etat exemplaire, et attendant la paix, et que cette paix serait possible… Il en parle, parfois, souvent, avec Jean Frydman, un de ses pères de substitution, comme il dit, vétéran des barouds de cette paix inatteignable…

Jean, je l'ai rencontré lors d'un dîner chez Michel Field, qui voulait nous présenter. Merci, Michel ! Quel coup de foudre ! Cet homme racontant certaines étapes de son parcours extraordinaire, au sens propre du terme : de son entrée en Résistance à 15 ans, de son évasion des camps, à la création d'Europe 1, en passant par son rôle actif dans la révélation du scandale sur le passé de L'Oréal, son implication dans le processus de paix, son amitié avec Montand… Une soirée ne pouvait pas suffire, nous devions nous revoir ! Je venais de rencontrer une des pièces maîtresses manquant à mon puzzle. Jean, 84 ans. Encore un référent, un homme pas comme les autres. Visionnaire, rempli d'espoir, mais lucide à la fois. Nos discussions me manquent quand il reste trop longtemps loin de Paris. Il est surprenant, parfois, Jean Frydman… La semaine dernière, il a décidé qu'il voulait partir en péniche avec moi, traverser la Bourgogne ! Juste tous les deux, pour parler…

Quand Jean te raconte ce qu'il entreprend, tu marches ? Tu veux y croire, à la paix au Proche-Orient ?

Quand il revient, enthousiaste, d'un rendez-vous avec Shimon Peres ou Barak, un représentant palestinien ou un médiateur américain, j'ai envie d'y croire, même si j'ai du mal... Je suis l'un des instigateurs de la Conférence de Genève. *(Une des nombreuses initiatives de paix et de bon sens entre Israël et la Palestine – celle-ci avait fait renaître un espoir, évidemment démenti, au plus fort de la deuxième Intifada.)* Ça veut dire que je sais que c'est possible. Que les Palestiniens, avec un Etat fort et indépendant, et les Israéliens peuvent vivre côte à côte.

C'est ce que tu penses vraiment ?

C'est ce que j'espère. Maintenant, ce que je pense... est-ce que j'ai envie de le voir écrit ? C'est la différence entre une discussion sur un canapé, comme ça, et un écrit... Pas très envie, non. Pas au sens où j'aurais peur de me dévoiler mais, plus profondément, parce que je n'ai pas envie de voir écrite cette réalité-là. De peur qu'elle prenne forme...

C'est-à-dire que tu ne crois pas à la paix ?

(Longue hésitation.) Je passe par tous les stades, mais au fond... pas vraiment.

Et tu redoutes la catastrophe ?

Oui.

Pour Israël ?

Oui. Et pour les Palestiniens.

Tu fais partie de ces juifs qui pensent qu'Israël peut détruire...

Peut être détruit, tu veux dire ?

Peut être détruit, oui...

Tu as dit qu'Israël peut détruire...

C'est un lapsus... Mais tu n'as pas non plus envie de voir Israël détruire ?

J'ai envie de voir Israël se défendre... je continuerai toujours à vouloir qu'Israël se défende. Je vois moins son caractère expansionniste que son besoin d'un périmètre de sécurité. Même s'il y a beaucoup à dire sur la manière...

Mais tu ne crois pas au *happy end* dans cette histoire.

Au fond, on peut avoir autant peur pour les Palestiniens que pour les Israéliens. La paix est le souhait de la très grande majorité d'entre eux, mais est-ce réellement celui des nations alentour ? Et notamment de celles qui prônent l'anéantissement de l'Etat d'Israël ? Certaines idéologies ne peuvent fleurir qu'à travers ce conflit. Donc, elles ne peuvent que redouter la paix parce qu'elles font de la misère humaine leur terreau. C'est en cela que j'ai peur pour l'avenir du peuple palestinien... et pour la paix. Même si en Israël il y a quelques hystériques qui cherchent à torpiller le processus, là aussi j'ai envie de dire aux Palestiniens : « Ne vous trompez pas d'ennemis »... Si j'imaginais la catastrophe absolue, Israël rejeté à la mer, je serais inquiet du sort réservé aux Palestiniens.

Mais la peur de la catastrophe, tu l'as en toi réellement, comme ces juifs qui imaginaient une deuxième Shoah en 67 ?

Il est légitime d'y penser. De l'imaginer sans forcément en faire une obsession...

Ça existait dans ton enfance, cette peur ?

Peur, non. Mais que ce soit en 67 ou en 73, il y avait de quoi être inquiet.

Vous y alliez souvent ?

Ma mère était allée faire du volontariat dans un kibboutz, en 63… Moi, j'y suis très peu allé. Mais chaque voyage a été très chargé émotionnellement, que ce soit pour la promotion d'*Un secret* : la conférence de presse à Yad Vachem, les larmes de Claude Miller et de l'équipe après la visite du Mémorial de la Shoah… Ou mon concert à Tel-Aviv : « Elie » avec un quatuor israélien, Shlomo Artzi pour un duo, 7 000 personnes qui me rappellent en chantant l'*Hatikva*[1] et moi qui reviens pour les accompagner au piano : quelle soirée !… Et quelle nuit dans les bars, à refaire le monde et sa politique, ces gens qui s'engueulent violemment à propos de telle ou telle décision de leur gouvernement… Je ne connais aucun pays où le débat démocratique est aussi présent, direct, passionné. Regarde le mouvement des tentes : c'est une société vivante.

Pour un juif quasi officiel de la République, tu n'es pas souvent là-bas…

Un juif officiel ?!

Un homme public juif, revendiqué comme tel, perçu comme tel…

OK, mais j'aime pas trop la formule… Mais c'est intéressant comme remarque, parce que les images fausses ont

1. Hymne israélien.

la vie dure. J'ai un engagement citoyen, contre le racisme, pour des causes humanitaires… J'aide un mouvement qui s'appelle One drop, « une goutte » en anglais, pour alerter sur le sujet de l'eau – le manque d'eau dans le monde… Mais je suis juif et ça recouvrirait tout ? Le 14 mai 90, j'étais en tête de la manifestation après la profanation de Carpentras. Un journaliste m'a demandé si je me sentais menacé « en tant que juif »… Ça m'avait choqué. « Je me sens menacé avant tout en tant que citoyen. Tout le monde, sans distinction, devrait être dans la rue aujourd'hui. Si la République laisse faire ça, c'est la République qui est menacée »… Si les juifs sont les seuls à protester contre l'antisémitisme, et ça arrive trop souvent, tout est perdu…

…

Sinon, pour te répondre. Je n'ai jamais considéré comme implicite le fait de passer son temps en Israël parce qu'on est juif. Et puis, c'est beaucoup plus loin que Deauville… *(Il se marre.)*

Tu parles hébreu ?

Ketsat[1]… ! J'ai suivi quelques cours, adolescent. Puis, il y a une dizaine d'années, j'ai repris vraiment, avec Sonia, une prof géniale. Je devais faire un film avec Amos Gitaï, il m'avait promis un rôle, m'avait demandé d'apprendre l'hébreu. Et je n'ai plus eu de nouvelles !… Mais grâce à lui, j'ai de bonnes bases, sans plus. Je manque de pratique.

1. « Un petit peu. »

Ainsi sommes-nous, Bruel, Askolovitch et tous les autres qui aimons Israël sans pourtant y aller... En parler comme si on y était mais sans y être. Avec Frydman, qui vit en Israël la moitié de son temps, sans parler hébreu, Patrick a aussi des débats sur la laïcité souhaitable ou non de l'Etat juif... C'est un tendre dysfonctionnement que je connais bien, j'ai grandi dedans, moi aussi, toutes les années 60, 70, et au-delà. Aimer des cousins (ma sœur y vit, elle) et une terre encore lointaine, indispensable mais au fond étrangère, mais frémissante, mais...

Et au bout du bout. Tu l'as, cette trouille de la destruction d'Israël ? Ou au fond, non ?

Au fond, oui.

Oui...

Par mon discours et mon comportement, je la minimise. Mais au fond, oui... Pourquoi pas ? C'est ça, le problème : pourquoi pas ? C'est déjà arrivé. Tu associes une conjoncture économique, des bouleversements politiques et sociaux, une crise fracassante, des gens en colère et surtout qui ont peur... Alors, pourquoi pas ? Puisque finalement ça a été le principe du bouc émissaire.

C'est ta peur...

Pourquoi ? Ce n'est pas la tienne ?... Ça arrive de tous les côtés. Regarde les nouvelles technologies, ce nouvel outil qui permet à ces solitudes désespérées d'enfin communiquer entre elles. Des gens qui se croyaient seuls dans leur haine découvrent que ce n'est plus le cas et qu'ils peuvent se regrouper...

Tu parles de l'antisémitisme ? De l'explication des malheurs du monde par la puissance juive ?

Oui. Entre autres.

Pas seulement la destruction physique d'un Etat qui s'appelle Israël ?

Quand elle est revendiquée publiquement par le président iranien, à la tête d'un des Etats les plus puissants et les plus riches du monde, ça te paraît si lointain ?

Cette peur de l'antisémitisme ne nous empêche pas de vivre, manifestement ?

Non. Mais est-ce qu'elle empêchait les gens de vivre entre 29 et 34 ? L'immense majorité n'a pas eu cette peur. Jusqu'en 38... Jusqu'en 42 même, il y en a qui n'ont pas peur.

La première fois que tu es monté au créneau, publiquement, c'était sur fond de crise des civilisations... Au moment de la première guerre du Golfe...

Non, bien avant, avec « SOS » !... Et puis, en 89, à la sortie de *L'Union sacrée*, avec Arcady et Berry...

L'Union sacrée, *polar à la fois républicain et prémonitoire, racontait l'alliance d'un flic juif, Bruel, et d'un militaire fils de harki, Richard Berry, contre des terroristes inspirés par des diplomates manifestement iraniens... Vingt ans après, rien n'a changé. On n'en a pas fini avec cette histoire.*

... Le film sort le jour de l'ultimatum des mollahs contre Salman Rushdie. Jour pour jour, le 15 mars 89. Du coup, ça devenait un engagement... On avait reçu des menaces de mort pour empêcher le film de sortir et, quelques mois plus tôt, Véronique Sanson avait vu son album retiré des bacs à cause de la chanson « Allah ». Ça m'avait rendu dingue... Dans les interviews, je me permettais un discours qui commençait à effrayer mon entourage.

Tu disais qu'il fallait buter les terroristes dans les chiottes ?

Non, je disais qu'il ne fallait pas se laisser intimider par ceux qui détournaient le véritable message du Coran et qui en faisaient un instrument de haine et de violence... Je me souviens du 13 heures d'Antenne 2, en direct, j'y étais allé franchement. *(Il se marre.)* Le présentateur, les attachés de presse, même le cameraman étaient livides. Je sors du plateau. Ma mère, au téléphone, qui me dit : « Ça va pas ? Tu perds la tête ! Pars d'ici tout de suite ! » Je devais être quand même un peu inconscient... sans doute encore dans mon personnage.

Il y a un truc curieux dans *L'Union sacrée*... Tout le monde est juif, le réalisateur, les acteurs... Même Berry qui joue le militaire arabe...

Pas tous les acteurs ! Et Saïd Amadis ?... Mais Berry, oui. Et alors ?

C'était aussi une époque où les beurs ne prenaient pas la parole pour ou par eux-mêmes, ou avaient du mal avec ça… Symboliquement…

Arcady pensait que Richard Berry était le meilleur acteur pour ce rôle. Comme Marlon Brando était le meilleur pour jouer Zapata… Mais aujourd'hui, effectivement, ça serait moins concevable.

On prendrait un acteur beur pour jouer le beur…

Dans un film voulant porter un message politique, certainement. C'est idiot et à la fois logique. Mais ça minimise le travail d'acteur. Un Arabe joue un Arabe, un catho joue un catho… Je me serais bien vu jouer l'un de ces moines dans *Des hommes et des dieux*, mais est-ce que le fait d'être juif aurait pu être un obstacle ?… Ça fait partie des choses qui se sont figées. Il y a des exceptions quand même : Roshdy Zem qui joue un juif d'origine égyptienne dans *Va, vis et deviens*…

Tu regrettes que le temps se soit figé ?

Je comprends et en même temps, Richard l'avait très bien joué, ce militaire fils de harki ! Alors ?… On a failli faire la suite, *L'Union sacrée 2*. Dans le scénario, Hamida, le personnage de Richard, était devenu le premier maire beur de Marseille… Le scénar n'était pas assez fort, ça ne s'est pas fait.

Dans la vraie vie, il n'y a pas eu de maire arabe à Marseille, et ça n'en prend pas le chemin…

Oui. Et c'est totalement illogique. Et tellement dommage que Malek Boutih ne soit toujours pas un des grands dirigeants de la gauche... ou le grand ministre qu'il devrait être et dont on a besoin.

Tu as chanté en arabe dans « Le Café des délices »...

J'ai souvent chanté en arabe ! C'est une langue magnifique et ce sont mes racines... Un moment fort : Fête de l'Huma, le 16 septembre 2001, cinq jours après l'attaque contre les tours jumelles. Quatre-vingt mille personnes à la fête de la gauche, encore bouleversées par ce qui vient d'arriver. Et pendant mon concert, arrive Cheb Mami, l'une des plus belles voix du raï. Au départ, il voulait un petit discours qui aurait pu faire polémique, mais l'heure était plus au recueillement, à la musique. On a trouvé plus judicieux de chanter « Le Café des délices », tous les deux, main dans la main... Le symbole était magnifique.

L'union sacrée, sur scène...

Une évidence ! Dans *L'Union sacrée*, Atlan dit à Hamida : « On est pareil, on a les mêmes traditions, la même musique, les mêmes fêtes, on mange pas de cochon, alors, pourquoi on s'aime pas ?... » On se marre, là, mais c'est vrai, j'ai ça en moi. Entre juifs et Arabes, il ne devrait y avoir aucun problème. Aucun !... Mon grand-père et ma mère m'ont toujours dit que les deux communautés vivaient bien ensemble en Algérie. C'est pour ça que l'antisémitisme venu des banlieues me bouleverse tellement...

Mais c'est devenu une part de notre paysage...

C'est la part des choses que les gens ne font plus. On a accumulé quarante ans d'erreurs, de frustrations, des appartenances claniques se sont créées… La marmite va exploser !

Tu penses ?

Qu'est-ce qui différencie la France des autres pays ? Qu'est-ce qui va arriver si les barrières de protection sociale volent en éclats ? Avec un taux de chômage qui monte, un pouvoir d'achat qui n'a de pouvoir que le mot, des gens qui ont un avenir zéro… ça ne va pas tenir. Chaque élection est porteuse d'espoir et au bout de deux ans, tout le monde est déçu. Et la démocratie perd du terrain au profit des discours populistes.

On ne parle plus d'antisémitisme ici…

Parce que ce n'est pas seulement ça qui nous menace : l'antisémitisme est un symptôme… Ce qui me terrifie, c'est la vitesse avec laquelle la haine se développe dans ce pays. La haine et les peurs… Avant la Coupe du monde de foot, j'ai eu peur que l'Algérie et la France soient dans le même groupe. Ou qu'elles se retrouvent en quart de finale… J'étais même étonné d'avoir peur de ça, j'aurais dû n'y voir qu'une fête potentielle, mais j'ai eu cette appréhension…

Tu avais peur que les rebeus soient pour l'Algérie, que le Front national en profite…

Et je m'en veux. Et je leur en veux, à tous ceux qui n'ont pas su endiguer cette peur… Le soir de l'élection cantonale *(mars 2011)*, je sortais du théâtre et, rue de Rivoli, ça klaxonnait dans tous les sens, avec plein de drapeaux. J'ai d'abord cru que c'étaient des drapeaux français fêtant la percée du FN et puis, très vite, j'ai vu que c'étaient des drapeaux algériens et j'ai pensé que c'était en réaction à la percée de l'extrême droite… Une des voitures s'est approchée de la mienne, ils étaient neuf, en liesse, dans et sur une petite décapotable, agitant leurs drapeaux vert et blanc, comme les centaines de voitures qui se dirigeaient vers les Champs-Elysées. « Oh, c'est Patrick Bruel ! » « Oh, Patrick ! » Moi :

« Qu'est-ce qui se passe ?

— On a battu le Maroc 1-0 ! Viens faire la fête avec nous ! »

Je les ai suivis jusqu'en bas des Champs, en rigolant avec eux. Puis j'ai repris ma route pour rentrer chez moi, en me disant : « C'était sympa, ce moment… Pourquoi tout est si compliqué ? Pourquoi toujours imaginer le pire ? »

Parce que le pire existe, ou on a vieilli… Ou que le monde est devenu mauvais.

Le monde n'a jamais été vraiment bon. Mais les fanatismes ont encore gagné du terrain, donnant raison à Malraux… Ce ne sont pas les individus qui me font peur. Ce sont les groupes. Ces groupes qui se forment au gré de leur haine et de leur désarroi, et à qui la société contemporaine permet de le faire.

Tu es passé du côté de la peur.

Oui, mais je veux la refuser, tout en voyant la société se défaire. En 2005 – l'année des émeutes de banlieue –, j'avais repris un poème de Victor Hugo, « A ceux qu'on foule aux pieds », pour mon album *Des souvenirs devant*. Le titre de ma chanson, c'étaient des mots de Hugo : « Peuple impopulaire »… Je voulais chanter ces gens que la société, les élites ont abandonnés, et qui finissent par être une menace…

« Ils sont votre épouvante et vous êtes leur crainte », écrivait Hugo. Ce ne sont pas ces vers que Patrick a repris, dans un album faussement apaisé, mais d'autres, qui disent la même chose. « Et c'est tout un peuple, qui attend son salaire, ce peuple qui parfois, devient impopulaire. Il fallait leur donner leur part de la cité (…) Le mal qu'ils vous font, c'est vous qui le leur fîtes. » Et lui, Patrick, entrecoupe les vers de Hugo d'une interrogation lancinante : « Où est leur place, dans cette impasse ? Où est ma place, devant la glace ? » Qu'est-il devenu, le chanteur progressiste du temps de l'optimisme, quand tout se délite ? C'est un classique, que l'espoir s'érode quand on vieillit. « Nous nous sommes tant aimés », cher Ettore Scola… Mais si c'est la réalité qui grimace, et qui salit l'espérance quand elle vient d'éclore ? Etre ou pas du côté de la peur, mais si le pire avait raison ? Quand le monde arabe s'est ébroué, Patrick a voulu y croire, et en même temps, il redoutait. Un soir, au moment de la chute de Ben Ali, il est dans sa loge au théâtre Edouard-VII, la télé allumée, avec Bernard Murat, le directeur du théâtre, militant de gauche et jadis trotskiste avec Jospin, son épouse Zana, une partie de la troupe, et tout le monde vibre et Patrick aussi, mais il pense tout haut…

Et qu'est-ce que tu dis ?

« Et si dans un an les islamistes sont au pouvoir ? »

Ça ne t'inspirait que ça ?

Non. J'étais heureux comme tous les autres. Mais j'avais un pressentiment, une appréhension, une retenue.

J'étais aussi enthousiaste qu'on pouvait l'être, mais… Je me suis fait traiter de réac ou de passéiste, ou de pessimiste absolu.

Tu gâchais la fête…

Manifestement. J'ai dit aux autres : « J'espère que vous avez raison »… J'étais prêt à y croire, moi aussi. Un monde arabe libre, j'en avais envie ! Quelques jours plus tard, j'ai rencontré Mehdi Houas à Paris. Il était ministre du Tourisme du gouvernement provisoire. Les Tunisiens avaient peur que les touristes n'osent plus venir chez eux. Il montait un voyage de solidarité et il me demandait d'y participer et de venir chanter « Le Café des délices » à Sidi Bou Saïd avec son auteur, mon complice et ami Félix Gray. Mehdi Houas est venu voir la pièce et on a dîné ensemble. Il m'a raconté son printemps arabe, et il m'a parlé de son père, qui avait été un proche de Bourguiba, avant de prendre ses distances avec le régime et de s'exiler en France. Mehdi m'a dit ceci : cette révolution, elle me rend heureux, au-delà de tout, pour les larmes de mon père…

Les larmes de son père…

C'était très émouvant. Je suis rentré chez moi. Je me suis mis au piano…

Les larmes du père de Mehdi sont devenues une chanson. « Les Larmes de leurs pères », écrite avec Marie-Florence Gros, complice d'écriture depuis « Juste avant ». C'est l'hommage de Patrick à tous les combattants arabes. « Toi, vendeur ambulant, tu as secoué le temps.

Ils puisent leur courage dans les coups, les outrages, les années à se taire (...) D'Hammamet à Tunis (...) du Caire à Tripoli, d'Oran jusqu'en Syrie, le jardin dans le vent a semé le printemps. » Pas si mal pour un type censé ne pas y croire. Mais l'histoire est grinçante... Patrick a chanté « Les larmes de leurs pères » pour la première fois le 24 octobre 2011. C'était à la première de La Source des femmes *de Radu Mihaileanu, une belle fable sur une révolte féministe dans un village marocain. La veille, les islamistes d'Enhadda étaient sortis en tête des élections tunisiennes.*

C'était très beau... Je chantais à Paris, au théâtre du Châtelet. C'était retransmis dans quinze pays arabes. Et à un moment, j'étais en train de chanter, je me suis dit : « C'était trop beau. » Depuis la veille, j'avais le résultat d'Enhadda et je me demandais si ma chanson n'était pas incomplète désormais.

Tu penses que c'est terminé ? Que les islamistes gagneront à la fin...

Je ne connais pas la fin de tout ça. Tu la connais, toi ? Est-ce que tu sais si des peuples opprimés peuvent devenir des démocraties instantanément ? Est-ce que je sais si la force du sentiment laïque qui a toujours prédominé en Tunisie pourra imposer aux islamistes d'être réellement modérés... Quand j'ai vu l'Egypte se soulever, le courage des Syriens, j'ai imaginé un Moyen-Orient où Israël ne serait plus la seule démocratie ! Là, on aurait pu parler de paix durable. Mais aujourd'hui...

… tu as des doutes sur un avenir radieux pour le monde arabe…

J'ai toujours eu des doutes sur les *happy end* en histoire, et ça ne se limite pas au monde arabe. Quand le communisme est tombé, j'avais le même sentiment. J'étais heureux, bouleversé… Mais en même temps, je me demandais comment l'Est allait recevoir l'économie de marché ? Comment s'adapter à cette nouvelle liberté ? Qu'allaient-ils y gagner… ou y perdre ?… En décembre 89, juste après la chute du mur de Berlin, j'ai écrit une chanson, « Combien de murs se cachent derrière ce mur qui tombe ? ». On a très vite eu des réponses, dès la guerre en Yougoslavie.

On peut être artiste et engagé, et ne pas être naïf. Et ce n'est pas un effet de l'âge, plutôt un scrupule très profond de Patrick. L'intérêt, chez lui, c'est que le scrupule ou les noirceurs n'empêchent rien, ni la joie, ni les conquêtes. Le même Patrick qui redoute l'apocalypse construit aussi One drop *et fait ses fêtes, avec Oscar et Léon, et sa bande de Winamax, les aventuriers du pok en ligne, il travaille à un album, il retrouve le théâtre, tourne deux films… C'est sa vie… J'ai envie de laisser la politique un moment, ce n'est guère facile, tant il la ramène, si vite, mais la politique est si triste désormais. On pourrait repartir à l'enfance, quand tout était simple, les jolies années 60-70… C'est politique aussi, mais pas seulement. Ce mec qui ne ressemble à personne nous ressemble en fait, à ma génération en tout cas, venus du monde simple pour flipper dans le chaos contemporain. Nostalgisons.*

Dans ta jeunesse, il n'y a pas de peur...

C'est une des plus belles périodes de notre histoire : les années 60, 70... On est à l'apogée de la reconstruction, de l'élan de l'après-guerre... L'espoir est partout. Dans la famille, on est en plein là-dedans. L'union de la gauche, le Programme commun, les gens vont prendre leur destin en main, Mitterrand, Rocard, Marchais...

Tu aimes bien Marchais ?

Comme tout le monde, il me fait marrer... Ses coups de gueule, son charisme...

Vous êtes de ce côté-là, c'est vrai...

Oui, le grand débat de l'époque, c'était : « Mais enfin, comment est-ce qu'on peut être communiste quand on voit ce qui se passe en URSS ? » Et nous de répondre : « Oui, mais le parti communiste français, ce n'est pas pareil, il a sa spécificité, et puis c'est le parti de la Résistance... »

Tu y croyais ?

On essayait de se persuader en persuadant les autres...

Plus grand, tu as adhéré au PC ?

Non, jamais, mais je voulais aller y faire un tour, pour voir comment ça se passait... Philippe, mon beau-père, y était. Il était très engagé. Je lui ai demandé de m'emmener à une réunion de cellule : « Tu ne peux pas y aller sans la carte. » Je m'en souviens, on était assis dans la cuisine... « J'ai 15 ans et parce que je n'ai pas la carte, je n'ai pas le droit d'aller dans une réunion de cellule qui me permettrait de savoir si j'ai envie ou pas d'avoir la carte ?... Il y aurait des choses que je n'ai pas le droit d'entendre sans avoir la carte ? Sur ce qui se passe en Union soviétique, par exemple ?... Faut arrêter les conneries ! Vous êtes tous fous ! Et toi le premier de rester là-bas !... »

C'est comme ça que tu as quitté le communisme ?

Comme on quitte quelqu'un qu'on avait envie d'aimer malgré tout... Et puis, je me suis replongé dans l'histoire du communisme...

C'est-à-dire le goulag... ?

Tout ! Du *Capital* à Soljenitsyne. Je dis à Philippe :

« Tu as lu ce bouquin ?

— Oui, mais les communistes français, c'est différent. »

Là, je ne marche plus :

« Mais on est dingues ! On est en train de cautionner un truc de dingues ! Tu sais combien Staline a tué de gens ? Au nom de quoi ?... Et Lénine qui est soi-disant mieux que Staline !... Tout ça au nom du *Capital*, de Marx, d'Engels... de belles idées que d'autres ont pourries ! »

Et tu es devenu anticommuniste...

Mais j'ai toujours gardé une sympathie pour les communistes français. Les hommes, les militants... Mais je fais la part des choses. Même si l'idéal était appréciable, force est de constater que le communisme est un échec total qui a entraîné la mort de millions de gens, en s'abritant derrière une prétendue noblesse idéologique.

Pourtant tu n'acceptes pas qu'on mette sur le même plan communisme et nazisme.

Eternel débat. Mais je pense malgré tout qu'on ne peut pas comparer ces deux idéologies…

Du point de vue du travailleur russe ou de ceux que persécutait le régime, la distinction compte peu… comme tu le disais à ton beau-père !

Tu n'as peut-être pas tort… Mais j'ai le sentiment qu'il y a, dans le communisme, l'idée de faire avancer le peuple en donnant à tous accès à l'éducation, aux sciences, à la culture, à la musique, au sport… Consubstantiellement, la haine et l'extermination font partie de l'idéologie du nazisme dès *Mein Kampf*… C'est la pratique du communisme, le « communisme réel » si tu veux, qui a engendré les camps, des millions de morts, tout ce que nous savons. Mais le point de départ, les raisons de l'idéologie sont aux antipodes. Le communisme est né de l'indignation et du refus de ce que vivaient les ouvriers et les exploités. C'est pour cela qu'il renaît de ses cendres.

Finalement, tu es nostalgique du communisme ?

Mais non ! Ne fais pas semblant de ne pas comprendre !…

Qu'est-ce qui était mieux avant ?

C'est peut-être un cliché mais c'est frappant de voir combien de gens, à cette époque, sont arrivés d'URSS, en Israël notamment mais un peu partout, et tous pétris de culture et de talents… Le piano, l'éducation, les sciences, c'était quand même issu d'un système…

Est-ce que la science allemande et Werner von Braun rachètent le système nazi ?

Je ne suis pas d'accord.

Ou des chefs d'orchestre géniaux et nazis ? Furtwängler ? On aime bien jouer Wagner à cette époque-là...

Wagner n'est pas né avec l'idéologie nazie. Demande à Barenboïm !... Wagner a composé des musiques, des fous s'en sont emparés ! Le système d'éducation des nazis, c'était au service de leur Etat et de la guerre...

En fait tu es resté de gauche comme dans l'enfance ? Ou nostalgique ?

Ma sensibilité a toujours été de gauche mais, être de gauche, aujourd'hui, c'est très compliqué. Ou juste triste. Ça ne veut plus dire grand-chose... La gauche de ces dernières années m'a souvent déçu et peu intéressé. Mais savait-elle elle-même ce qui l'intéressait ? A part être anti-sarkozyste, quel a été son cheval de bataille ?

On vit tous dans un film de Nanni Moretti, parfois, qui trépigne devant sa télévision quand son champion socialiste s'escrime devant Berlusconi : « Dis-lui quelque chose de gauche ! » Patrick, ça devient un zeste plus compliqué, n'est plus tout à fait sûr d'attendre encore la gauche, sa famille, mais... Mais il a voté Sarkozy en 2007, et ça m'a longtemps fait marrer en marge de nos tchatches, de le titiller sur son évolution.

Tu es devenu de droite...

Non ! Et ça veut dire quoi, être devenu de droite... ?

C'est toi qui sais… Sur les impôts, tu en es où ?

Ce que je donne à l'Etat me coûte autant voire plus que ce que je gagne. Mais :

1) Je laisse tout mon argent en France.

2) Je suis plutôt fier de travailler autant pour les autres que pour moi.

3) Même si parfois ça me gonfle.

4) Mais ça me donne le droit de râler.

Ça t'énerve un peu quand même…

Pas s'il y a une lisibilité, le sentiment que les impôts nourrissent une politique de cohésion sociale, de justice, de véritable équilibre, mais…

Mais tu as voté à droite !

Je ne pouvais pas voter Ségolène Royal ! C'était simplement impossible ! Ce qui me fait marrer, c'est de voir tous ceux qui la suivaient la lâcher aujourd'hui. Son score des primaires ne m'étonne pas. Ce qui est étonnant, c'est que les socialistes et les médias de gauche aient été capables de s'abandonner totalement à un discours mystique et populiste, avant de tourner casaque quand les sondages ont basculé.

C'est une histoire des gauches, l'étrange aventure de la dame du Poitou, et ce qu'elle a provoqué ; elle n'est vraiment pas passionnante ici, d'accord ? Ou quand même. Juste pour faire le point, sur le grand jeune homme de gauche que ses peurs ou ses refus ou ses contradictions ont conduit chez Sarkozy, une fois, une seule ?

… Et non, je ne suis pas devenu de droite, mais je ne crache pas systématiquement sur tout ce qu'ils font. C'est stupide et dangereux pour la démocratie. Ça décrédibilise la classe politique et favorise la montée des extrêmes. Aujourd'hui, je préfère m'intéresser à ce que les socialistes ont à proposer, plutôt qu'à ce qu'ils dénigrent.

Dans toute cette histoire, au fil des jours, revenait le nom d'un absent tant attendu, puis d'homme devenu un scandale. Patrick et moi avons beaucoup parlé de Dominique Strauss-Kahn, que nous connaissions, que nous espérions. Strauss, je travaillais sur lui, pour un projet de livre qui n'a pas abouti (qui aboutira, mais différemment, et c'est une autre histoire), je lui parlais de mois en mois, quand l'exilé devenait candidat et déjà président, presque… Patrick le connaissait en ami, le rencontrait. Il m'avait raconté une partie d'échecs, un match nul, un « pat »… « Alors, tu y vas », disait Bruel à DSK quand ils se retrouvaient, et l'autre répondait en ne disant rien, c'était un code. DSK, pour Bruel, était comme son prophète de rédemption : celui qui l'aurait amené à retrouver la gauche, à coup sûr, malgré tout. On en souriait et on supputait, et puis les vies de Dominique Strauss-Kahn et Nafissatou Diallo se sont croisées. La nuit où tout a commencé, Anne Sinclair était chez Patrick, qui fêtait son anniversaire. Elle n'a rien appris chez lui, mais quelques heures plus tard. Tout l'été, Patrick a fait partie de ceux qui appelaient Anne, puis le couple, de ceux qui ont revu Strauss à son retour en France. Et alors ? Patrick n'est pas chaud pour s'étendre là-dessus, se mettre en scène dans le drame des autres. Et que dit-on quand un ami bascule ?

Je suis triste. Je n'ai jamais pensé que Dominique puisse être un violeur. Il a été innocenté pénalement. Quant au reste… Je vis tout ce qui lui arrive avec colère, avec regret, mais aussi avec infiniment de peine, pour Anne et pour lui… Et j'ai pensé que cet homme aurait pu devenir un grand Président, qu'il en avait le talent et la compétence. Ensuite…

Ensuite, c'est la politique réelle, celle qui demeure après avoir rêvé. Patrick a séché le premier tour de la primaire socialiste. « Je voulais voter Valls… Puis je n'y suis pas allé : mes enfants voulaient aller au cinéma. » *Comme quoi ce n'était plus déterminant. Valls bien sûr, qui d'autre – le socialisme et le réalisme économique, le socialisme vu de droite pour ses détracteurs, ou avec la modernité et la République d'autorité, qu'importe. Patrick, qui a beaucoup donné, beaucoup parlé, beaucoup proclamé, qui s'est engagé, a perdu à l'été 2011 une envie de politique, ou d'y croire. Il dévore les actualités, suppute les chances, les tactiques, aura soupesé Aubry et Hollande… Mais au fond, le cœur y est moins.*

Il semblerait aujourd'hui que François Hollande soit celui dont les Français ont envie. A lui de prouver qu'il est celui dont la France a besoin.

Tu as été déçu par des hommes politiques… Je veux dire, gravement ?

Comme beaucoup, j'avais pris le passé de Mitterrand en pleine gueule ! C'était plus que de la déception, c'était un bouleversement… un autre regard sur les hommes de la politique ! Mitterrand, Bousquet, la police de Vichy, c'est un peu dur, quand même !

Tu avais été mitterrandiste, évidemment ?

Evidemment ! Comme tous ceux qui attendaient depuis si longtemps... Vingt-trois ans... et puis le 10 mai 81, quelle joie ! Quel espoir !

Tu l'as rencontré, Mitterrand ?

Il m'avait invité à déjeuner, après mon passage à « 7 sur 7 » où je m'étais engagé contre le FN et où j'avais incité les jeunes à s'inscrire sur les listes électorales, pour faire baisser l'abstention annoncée pour les régionales de mars 92... J'avais été une sorte de déclencheur d'une campagne de mobilisation qui avait porté ses fruits. Au lieu des 50 % d'abstention, prévue, la participation a été de 63 %. Lors de ce déjeuner, quelqu'un avait lancé : « Vous avez été très bien à "7 sur 7" ! » Mitterrand l'avait coupé : « Non. Déterminant !... Déterminant ! »

Et il t'avait charmé ?

A ton avis ? « Déterminant ! » J'en ai lâché mon fromage !... Non, sérieusement, il était impressionnant d'intelligence et de synthèse. Passionnant ! On avait parlé de Maastricht, de la guerre en Yougoslavie, qui commençait entre Serbes et Croates... Je me souviens qu'il doutait : « Comment intervenir ?... C'est plus compliqué que le Golfe. On n'y voit rien... Et quel parti prendre dans cet affrontement ? » C'était avant la Bosnie, avant Sarajevo... Intéressant de voir cet homme ne pas savoir...

Ainsi Mitterrand relativisait, et Patrick admirait, et ce fut notre jeunesse, tout cela, un homme, une rose à la main, et qu'en a-t-il fait... La politique d'aujourd'hui est à la fois grise et fade, quand nous attendons d'espérer au cœur de la crise et des peurs.

Tu as milité en fac ?

Non. J'ai juste refusé d'être inscrit à Assas. C'était la fac du GUD, des fachos... Assas, je m'étais trop battu contre eux !

Tu te battais quand ?

Quand j'étais à Henri-IV. Avec les élèves de Montaigne et de Lavoisier, on mettait sur la gueule aux mecs d'Assas, et réciproquement. Je me souviens d'un jour où en représailles, ils ont débarqué à H4. On les attendait avec des frondes et des cailloux. On jouait aux cow-boys et aux Indiens. C'est là que j'ai commencé à préférer les Indiens...

C'était quand, en fait ?

En 75, j'étais en seconde... J'ai un autre souvenir de confrontation avec les fachos où je me suis fait vraiment peur, trois ans plus tard. Pour *Le Coup de sirocco*, Arcady n'avait pas d'argent pour la promo. On faisait de l'affichage sauvage, on collait nous-mêmes...

Et les fachos ?

Attends ! Un soir avec un copain et une copine, on parcourt le XVIIe arrondissement pour coller. On tombe sur des affiches du Front national, toutes fraîches. Et je me fais plaisir en les recouvrant avec les nôtres. C'est à ce moment que sept ou huit types, cheveux plutôt courts, tenues à dominante vert bouteille, nous sont tombés dessus…

C'est-à-dire ?

Ils sont arrivés vers nous :

« Ça vous amuse ? »

Et moi, sûr de moi :

« Non, ça ne nous amuse pas, mais nous aussi on a un truc à défendre…

— C'est un truc de juif, ça !

— Les rapatriés d'Algérie n'étaient pas tous juifs, mais là, oui, c'est le juif qui est content de recouvrir vos affiches de merde ! »

Complètement inconscient !… Et c'est parti : on faisait pas le poids, on a pris des coups sans en donner vraiment, on a fini par se tirer en courant. Mais j'ai vraiment eu peur.

On va penser que ton enfance n'était que politique…

Tout est politique !… Evidemment non, c'étaient mille autres choses…

Enregistrer Giscard-Mitterrand sur son magnétophone, drôle de jeu quand même !

Ah… oui ! En 74, la campagne de Mitterrand, le face-à-face Mitterrand-Giscard nous passionne, mes copains et moi. Vraiment… J'enregistre leur duel. Je le réécoute sur cassette. J'y écoutais aussi Brassens ! L'année 74, c'est l'année où je passe mon temps à rêver au football et à la musique. On joue au Subbuteo, un jeu de foot avec des petites figurines. On fait des après-midi entiers de Subbuteo, à écouter Brassens et à parler politique.

Octobre 2011, rien n'a changé, Patrick joue toujours au Subbuteo avec ses enfants dans sa maison du Vaucluse. Moi aussi du coup, entre deux corrections.

Tu as quelle équipe au Subbuteo ? Le Brésil ?

Non, la Hollande et l'Ajax, il n'y a rien d'autre qui compte… En France, Nice parce que Van Dick est allé signer à Nice après avoir été champion d'Europe avec l'Ajax. C'étaient les années du foot hollandais.

Ma mère est hollandaise.

Moi, la sœur de ma grand-mère s'est mariée avec un Hollandais. Lydia…

Là, ça ne regarderait que nous, mais quand même. On a parlé, on vous épargne ça, de l'Ajax grande époque et d'un ailier droit qui s'appelait Swart, demi-juif et enfant caché pendant la guerre, qui avait un jour martyrisé Liverpool, bref. On a parlé de l'Ajax qui est un club « juif », dont les fans, grandes baraques aryennes bataves et blondes, s'en vont au stade ceints de l'étoile de David, en souvenir de l'identité d'un club, né à l'époque où Amsterdam, bien avant la Shoah, était une cité juive, comme Varsovie ou Vilno… On a parlé de nous, donc. Ma vieille grand-mère connaît la famille de Patrick, se croisant dans des milieux juifs ou francophones d'Amsterdam, dans un quartier résidentiel, le Zuid… On se découvre des mots de passe du nom de Beethovenstraat, ou Stadionweg, la rue du vieux stade olympique…

Je l'ai rencontrée, la sœur de ta grand-mère…

La sœur ou sa fille ?… T'as rencontré la fille !

C'est une cousine de Bruel, on la présente comme ça à Amsterdam…

Olivia. Ma cousine Olivia. Des yeux bleus sublimes.

Gamin, je passais mes vacances à Amsterdam…

C'est drôle, moi aussi, un peu. Mais surtout plus tard, pour des émissions de télé… « Casser la voix » est resté vingt semaines numéro 1… J'y ai fait des concerts inouïs, à Utrecht, Amsterdam, et surtout au Ahoy de Rotterdam. Et puis le circuit de poker passe par Amsterdam tous les ans… J'y ai même tourné une partie du film *Force majeure*.

Et fumé du shit ?

Non. J'ai dû fumer deux pétards dans ma vie au concert de Burning Spear ou de Bob Marley au Bourget. Mais jamais touché à la drogue. Sans doute la hantise de perdre le contrôle. C'est peut-être d'avoir vu des gens sombrer, certains mourir, qui m'a vacciné très tôt…

Tu as vu quelqu'un mourir de la drogue…

Pas de mes yeux… Mais un mec a fait une overdose dans les toilettes du lycée.

Un copain de classe ?

Non, un mec plus âgé. Guitariste. Il se prenait pour Hendricks jusqu'à tout faire comme lui. Il jouait de la main gauche, prenait à peu près les mêmes trucs et… *game over*.

Donc Amsterdam ?

Ces dernières années, j'y suis surtout allé pour le poker. L'année dernière, je suis allé voir jouer l'Ajax, ça faisait longtemps…

Et quand tu étais môme ?

Je téléphonais à ma tante tous les jours pour qu'elle m'envoie un maillot. C'était dur à trouver, il n'y avait pas encore de merchandising. Elle a fini par m'en avoir un… Le même que Cruijff, avec le numéro 14 derrière ! Je l'ai toujours… Il y a deux ans, j'ai fait tout le championnat du monde de poker à Vegas avec. Du coup, toute la communauté hollandaise était derrière moi ! Et chaque fois que je faisais un coup, on entendait : « HAYAX !!! »

C'est rare, les Français qui se prennent pour des Bataves…

J'étais fou de l'Ajax ! J'avais même choisi pour ma chambre un papier peint rouge et blanc… Cruijff était mon idole, la seule que j'ai vraiment eue, au point de mettre des posters sur les murs et des 14 partout ! Ma boîte de prod s'appelle « 14 Productions », le fan-club « 14 Le Club », son magazine « 14 Le Journal », la société qui abrite Winamax « Table 14 ». Je suis né un 14 mai… On ne pouvait pas passer à côté.

Qui est le 14 de l'équipe de France ?

Le grand 14, ça a été Tigana… Tiens, ça me rappelle mon premier match avec le Variété-Club de France à Saint Barth, en 90. J'étais dans le vestiaire avec toute l'ossature de l'équipe de France 82 : Platini, Rocheteau…

Jacques Vendroux me dit de prendre un maillot ; naturellement je tends la main vers le 14, quand une autre main le saisit avant moi. Avant de lever la tête, j'entends un accent marseillais : « Si ça te fait plaisir, je te le laisse ! » Merci, Jeannot… Quel plaisir de jouer avec ces figures mythiques ! Quarantième minute : Platini, fidèle à sa vista, me fait une ouverture de 50 mètres, me voilà seul dans la surface, je vais tirer quand je me fais sauvagement faucher. Penalty. Platini me donne le ballon : « Vas-y ! »… Si je ne l'avais pas tiré sur le poteau, ça aurait pu être le plus beau jour de ma vie…

Et Cruijff, tu l'as rencontré ?

La première fois que je l'ai rencontré…

Tu as embrassé ses pieds ?

Pas tout de suite !… C'était pour une émission en Hollande, genre « Sacrée Soirée ». Il m'a signé son maillot de Barcelone ! J'étais vraiment comme un petit garçon…

La différence entre toi et moi, je viens de la piger. Moi, jeune journaliste, j'ai rencontré Neeskens, son fidèle second. C'est moins classe…

Attend, Neeskens ? Il y a quand même pas beaucoup de mecs qui tirent si fort que la balle se bloque au fond du but ! Le 4-0, Ajax-Bayern. Ça va si vite que le but n'est pas cadré par le réalisateur…

Le foot, c'est bon quand ça n'en finit pas. En 2010, la Hollande a encore perdu une Coupe du monde, et en jouant en finale de manière indigne, mais la France était honteuse elle-même, que nous reste-t-il... Le PSG que l'on partage aussi, mais ça nous mènerait trop loin, mais juste ceci : Winamax, la boîte de poker en ligne de Patrick, sponsorise deux clubs : le Saint-Etienne de notre enfance, et le PSG de notre âge adulte. Chacune à son tour, les deux équipes ont cartonné. Les amis de Patrick y voient une preuve, et lui aussi, de sa chance proverbiale. Mais le foot, c'est encore meilleur quand on se souvient des défaites.

La finale de 74, Allemagne-Hollande, c'est un moment de ton enfance...

Une vraie tristesse. Je suis à Saint-Benoît-des-Ondes, à côté de Saint-Malo, dans une maison qu'on nous a prêtée, devant la télé. Cette finale...

... de merde !

Première minute de jeu : Cruijff traverse la défense allemande, est fauché par Bertie Vogts. Penalty. 1 à 0. On pense que ça va être un carnage et la machine allemande se met en route. Pourrir le jeu, tenailler complètement, empêcher cette Hollande de jouer. Breitner, Beckenbauer et Muller... Ils ratissent le terrain à trois ! L'Allemagne gagne 2-1. En 70 déjà, au Mexique, Beckenbauer avait été exceptionnel. Ce match contre l'Italie, où il joue l'épaule cassée...

Tu l'avais vu ?

J'étais couché depuis longtemps mais vers 11 heures du soir, Philippe, mon beau-père – qui est loin de s'intéresser au foot –, me réveille : « Je crois que c'est dingue, il faut que tu voies ça ! » 1-1, fin du temps réglementaire. Prolongations. Et c'est vrai que ce match est dingue ! A l'arrivée, l'Italie l'emporte 4-3... Et elle perdra en finale contre le Brésil de Pelé...

Tu pleures en 74, quand la Hollande perd ? Moi aussi...

Oui. J'ai pleuré deux fois après un match. La deuxième fois, c'est le 6 juillet 82... Séville.

A 23 ans, tu as pleuré physiquement parce que l'Allemagne avait battu la France en demi-finale ?

« Physiquement » ? !... Oui, j'ai pleuré ! Et j'ai pété la télé !

Tu as physiquement pété la télé ?

J'ai « physiquement » jeté la télé par la fenêtre !

Tu te prenais pour un Brésilien, ou quoi ?

Enfin, on était au rez-de-chaussée... Pas chez moi, en plus ! Chez mon pote François.

Et il s'en fout, que tu jettes sa télé ?

Il a failli la jeter avant moi !

La question, c'est que ça coûte de l'argent, une télé...

Tu manques cruellement de poésie, parfois... On était fous ! Le lendemain, je prenais ma voiture pour aller à Cadaquès et, toute la route, je ne supportais pas de me faire doubler par un Allemand !

Ça m'a fait ça une fois. Mais avant j'avais vu *La Liste de Schindler*.

Quel con… ! *(Il se marre.)*

Tu haïssais les Allemands, en 82, à cause du cumul 74-82, ou intrinsèquement pour l'agression de Schumacher sur Battiston ?

C'est l'agacement de voir cette équipe finir toujours par gagner, malgré tout… A cette époque, on a la meilleure équipe de France qu'on ait jamais eue ; elle se fait voler en Coupe du monde au premier tour en 78. Et en 82, c'est Séville…

Ah, pour toi, c'est la meilleure ?

Pour moi et surtout pour Platini ! L'équipe 78 pouvait gagner la Coupe du monde…

En 86, on a battu le Brésil ! Tu y étais ?

Devant ma télé. J'étais témoin au mariage de Marion. Je l'avais prévenue : « Ne te marie pas le 21 juin ! Il y aura un quart de finale de la Coupe du monde ! Pour peu qu'il y ait la France… » Elle ne m'a pas écouté, elle s'est mariée le 21 juin ! France-Brésil, bien joué ! Deux cents invités à la campagne, deux cents invités devant la télé !

Tu as été footballeur ?

J'ai même joué contre Luis Fernandez ! Je voulais rentrer à Malakoff, une bonne équipe qui venait d'accéder en D2. A l'été 75, il y avait les sélections, un match-test au stade Lénine… Et on voit débarquer les juniors du PSG ! Just Fontaine en tête ! Devant moi, le recordman des buts en Coupe du monde ! Just

Fontaine, devenu entraîneur, et derrière lui Justier, Pilorget, Brisson, Fernandez... La moitié d'entre eux avait déjà joué en équipe première. Des monstres ! On perd ce match 8-2, mais je joue pas mal et en plus, je marque un but ! C'est comme ça que j'ai été pris à Malakoff.

Tu aurais pu faire carrière ?

Probablement... Plus jeune, j'avais été repéré. On m'avait demandé d'aller à Vichy, à l'Institut national du football. Il y a eu un conseil de famille : mes oncles, mon grand-père, ma mère... Non, à l'unanimité.

Mais ils fonctionnaient souvent en conseil de famille ?

Souvent non, mais pour cette histoire, oui. Ma mère ne pouvait pas régler le problème toute seule. Gros conflit. J'avais dû arrêter le foot dans une perspective de haut niveau, j'en étais malade... Jusqu'en août 75. Porte de Vanves. Je jouais au foot avec des mecs en bas de chez mes grands-parents, chez qui je passais une semaine : « Tiens, ce soir on va aux sélections à Malakoff. Viens avec nous ! » Je n'ai rien dit à personne. J'y suis allé. Et j'ai été pris.

Mais pour la carrière, c'était terminé...

Une fois que j'ai eu ma place dans l'équipe, j'ai expliqué à ma mère : « Voilà, je te le dis : je ne serai pas professionnel de football, mais je vais jouer dans un club qui s'appelle Malakoff, qui est à côté de chez Mémé. Et que ça vous plaise ou non, à tous, je m'en fous ! Je ne serai pas professionnel, je continue mes études, il n'y a donc pas de problème ! »

Patrick n'est pas devenu pro, il aurait pu, il a en lui ce qui ne s'est pas accompli, c'est l'histoire de sa vie, aussi. Mais il est resté accro au jeu, et fidèle à sa manière se met en tête de le rendre meilleur ; la veille de boucler ce bouquin, il m'appelle, il veut réformer le ballon, s'inspirer du rugby pour le tirer vers le haut, il veut qu'on le dise. Volontiers.

Il faut créer l'expulsion temporaire pour sanctionner les fautes sans fausser un match ; il faut revenir à la faute initiale, quand une équipe n'a pas profité d'un avantage après une faute contre elle, et il faut introduire l'arbitrage-vidéo…

Sur ce dernier point, il n'aura pas Platini avec lui, qui préfère l'imperfection, mais humaine, aux certitudes improbables de la robotisation. Patrick, lui, est un moderne, mais qui n'oublie rien, et certainement pas le footeux, jeune, qu'il fut.

Tu as joué en D2 avec Malakoff ?

J'étais trop jeune à l'époque. J'ai joué en DHR, quand même. Un bon niveau amateur.

Tu jouais quoi ?

10 !

C'est très dangereux, un petit gars qui joue 10 en DHR, à l'époque ! Les défenseurs ne sont pas gentils !

Je me démerdais bien. Mais le problème était plutôt en interne : à l'entraînement, il me fallait éviter le contact parfois très physique, voire meurtrier, avec un libero qui me prenait deux têtes et vingt kilos ! Je n'ai pas compris tout de suite le sens de cette agressivité... J'aurais dû savoir plus tôt que son frère jouait aussi numéro 10, en équipe réserve...

En effet...

Je prenais la place d'un autre joueur... et je venais de Paris. C'est une famille, Malakoff ! Ils ne m'ont pas bien accepté parce que je venais d'un milieu différent. Peut-être trop bourgeois pour eux ?

Tu l'étais, bourgeois ?

Pas du tout ! Mais peut-être que le fait de faire des études... En réalité, de l'argent, on n'en avait pas plus que ça. Je n'ai manqué de rien, mais ma mère et mon beau-père faisaient des efforts, on faisait des efforts... mais c'était chouette !

C'étaient quoi, les efforts ?

Je ne sais pas, on faisait gaffe, mais c'était sympa, les années 70, avec nos petites voitures : une 2CV 6, et avant la 4L... Je me souviens de l'été 72 : Maman était partie en avion avec David, mon petit frère qui avait 4 mois. On n'avait pas les moyens de tous prendre l'avion, donc Philippe et moi avions fait Paris-Alicante en 2CV... C'est un des plus beaux souvenirs de ma vie, ce voyage ! Je me souviens de m'être réveillé en pleine nuit, d'avoir regardé dehors, d'avoir vu marqué Pau... Ça m'a marqué, Pau !

Pour le côté lunaire, cette ville en pleine nuit ?

Parce que Philippe m'a dit, à ce moment-là, qu'il connaissait la ville pour y avoir fait son service militaire, chez les paras... Les paras, lui, le militant communiste !

C'est un truc que tes gosses ne connaîtront jamais. Ils voyagent en avion comme tout le monde.

Tout le monde ne prend pas l'avion ! Mais oui, ils voyagent en avion, en train, en voiture, à cheval et en bateau à voile…

Mais ils ne galèrent jamais !

Non !

Ça va leur manquer ?

Encore que… Un vendredi soir de février à la gare de Lyon, avec les retards, ils galèrent comme tout le monde ! Quand ils passent cinq heures à attendre…

Autre chose ! Tu connais la chanson de Jonasz « On mangeait des glaces à l'eau »… tes gosses, jamais ! Toi, tu mangeais des glaces à l'eau…

Bien sûr ! Mais quand je me pose cette question, je n'ai qu'une réponse : expliquer à mes enfants la valeur des choses. Ni les priver, ni leur enlever ce qu'ils peuvent avoir au prétexte que moi, je ne l'ai pas eu… ce serait grotesque ! En revanche, leur apprendre ce que représentent le travail, l'effort, la difficulté d'obtenir… Maman et Papa travaillent pour gagner des pièces…

Tu dis « des pièces », toi ?

Quand ils étaient plus petits, on disait « des pièces », c'était amusant !… Expliquer la valeur de la nourriture, de l'eau, de tout ! Gaspiller l'eau, jouer avec la nourriture, chez nous, ça ne peut pas exister. Il n'y a pas un morceau de pain qui vole, pas une bataille de carottes.

Quand tu es à Henri-IV, gamin, tu ne ressens aucun décalage social ?

Pas vraiment. Le décalage social, je vais plus le sentir à l'âge où on a besoin d'argent de poche.

Quel âge ?

Vers 15-16 ans... En Angleterre.

Voyage linguistique ?

On peut appeler ça comme ça... Tu pars l'été dans une famille, tu as des cours le matin, tu t'amuses, il y a une bonne bande, des filles, des garçons de ton âge, très sympas mais qui ont beaucoup, beaucoup d'argent de poche, et là tu sens la différence. Surtout quand tu les retrouves après l'Angleterre, sur les Champs-Elysées, le samedi après-midi... au Pub Renault exactement.

Et là, tu ne suis plus ?

On prend des verres, on invite les filles et tu dois sortir 50 francs. C'est énorme à l'époque ! « Mais moi, j'ai pas 50 francs ! Je vais pas les demander à ma mère ! » Je lui avais déjà dit que ces vacances en Angleterre étaient les dernières qu'elle me payait... Et c'est là que j'ai pensé : « Il faut gagner de l'argent. » D'autant plus qu'en juin, j'avais travaillé à la Taverne de Maître Kanter... comme crêpier... forcé par mon club de foot !

Pourquoi ?

C'était le bon côté du communisme à Malakoff. En août, ils emmenaient leurs meilleurs joueurs en stage à Papendale, en Hollande, à l'époque le plus grand centre sportif d'Europe. Mais ils demandaient à tous les joueurs de venir avec une fiche de paye prouvant qu'ils avaient travaillé pour se payer le stage.

Qu'est-ce que tu en penses ?

Je trouvais ça très bien ! Même ceux qui avaient les moyens devaient travailler.

Tu étais bon, chez Maître Kanter ?

C'était curieux : vendre des crêpes et des croque-monsieur en 1976, l'été de la grande canicule… injouable !

Mais tu étais payé…

Il fallait quand même avoir du rendement ! La preuve, c'est qu'ils avaient viré le mec avec lequel je bossais, en disant : « Pas besoin d'être deux ! » N'importe quoi !… Ça m'avait mis en colère. Du coup, quitte à bosser deux fois plus pour le même salaire, j'avais mis en place un système D pour me faire vraiment du pognon !

Raconte !

Ça me gêne. Je connais le patron aujourd'hui…

Tu as 50 ans, tu en avais 16 !…

Bon… Disons que j'arrangeais un peu les bilans entre les croque-monsieur vendus officiellement, et ceux que j'avais réellement écoulés. Donc j'ai commencé à me faire de l'argent de poche !

Patrick carotteur de mastroquet, j'aime bien l'idée. Il raconte ça, on est chez lui, à Neuilly, et c'est sublime, mais l'arnaqueur de 17 berges affleure toujours, et c'est frais, comme diraient mes mômes...

L'autre truc sympa, à la Taverne, c'est qu'en face de mon stand à croque-monsieur, il y avait un prestidigitateur qui s'appelait Renélys et qui faisait le bateleur avec ses numéros. Je l'observais. On a sympathisé, il m'a appris des trucs et je lui ai acheté un kit de magie pour faire des tours insensés...

Comment multiplier les croque...

Non, les nanas ! Encore mieux que la guitare !... Quand je suis arrivé en Angleterre avec mes tours, j'étais le *king* !

Et maintenant, tu es un monsieur, et ton ancien patron chez Maître Kanter est devenu un pote ?

Non. Je l'ai retrouvé douze, treize ans plus tard dans une partie de poker. Je lui ai rappelé que j'avais bossé pour lui...

Tu lui as dit pour les croque-monsieur...

Ah non, ça, je ne le lui ai pas dit !

Voilà, c'est fait !

Je le préviendrai avant que le livre sorte !

La solidarité des loufiats contre le taulier, ça te plaît ?

Oui.

Et maintenant que tu es un patron ?

Je fais en sorte que les gens soient plus heureux d'arriver que de partir !

C'est-à-dire que tu ne vires personne ?

Ça a pu arriver pendant des tournées, mais pour des raisons précises. On est une équipe : si quelqu'un ne s'entend pas avec les autres ou ne rentre pas dans le cadre du travail proposé, ça ne peut pas passer… Le type qui est ivre mort à son poste pendant que tu es en train de chanter, la première fois tu lui parles, la deuxième tu l'engueules, la troisième fois tu le vires !

C'est arrivé ?

Sinon je ne te le raconterais pas. Je peux être dur parfois, et très exigeant, mais jamais irrespectueux envers ceux avec qui je travaille.

On en oublie la musique, avec cette histoire…

T'allais souvent au concert, enfant ?

Souvent, je ne sais pas, mais pour un enfant, pas mal. Qui a vu *Aïda* dans les arènes de Vérone, à 8 ans ? *Tosca* aux thermes de Caracalla à Rome, à 9 ans ?… Brassens, Charlebois, Reggiani… Le tout premier c'est à Pietroso, en Corse, été 65 : Johnny Hallyday. Ne me demande pas comment je me retrouve, petit bonhomme, sur les genoux de Sylvie Vartan pendant tout le concert…

Elle s'en souvient, elle ?

J'ai dû lui en parler une fois. Mais ça ne l'avait pas marquée plus que ça…

Une femme a eu Patrick Bruel sur ses genoux et ne s'en souvient pas !...

Dingue !... Peut-être que le concert le plus marquant, c'est en 69 : Reggiani, à Bobino. Complètement par hasard ! Maman et moi allions chez mes grands-parents, à la porte de Vanves. Et au changement à Montparnasse, on tombe sur un ami qu'elle n'avait pas vu depuis longtemps et qui avait l'air visiblement très ému de la revoir... Il s'appelait Léon, il était psychanalyste... Et ce Léon, vraiment sympathique, comme tous les Léon, nous enlève littéralement : « Venez avec moi ! On va voir Reggiani ! » Je ne sais pas qui est Reggiani... Bref, ma mère se laisse convaincre. Direction Gaîté, à une station, Bobino. Il prend trois places...

Et le concert ?

Inoubliable. Cet homme qui rentre avec son petit blouson blanc, sa petite fermeture Eclair... « Les lououououps, ouh ! Les loups sont entrés dans Paris... » Je suis fasciné. Complètement fasciné pendant tout le spectacle !... J'ai 10 ans. Le lendemain, je demande à Maman de m'acheter le disque, et me voilà devant la glace en train de chanter « Ma liberté », « Les loups », « Sarah », toutes les chansons... Et Reggiani ne va jamais nous quitter. Il fait partie de nos souvenirs, d'étapes importantes, jusqu'au jour où je dois chanter « L'Italien » en duo avec lui au concert des Restos du Cœur.

Pour retrouver l'enfance ?

Aussi. Mais ce jour-là, il faisait tellement chaud dans les coulisses de l'Opéra-Comique qu'il a eu un malaise juste avant d'entrer en scène… J'ai quand même voulu chanter, seul, parce que ma mère était dans la salle. Jean-Jacques *(Goldman)* ne pigeait pas : « Mais s'il n'y a pas de duo… à quoi ça sert ? » Et moi : « Je sais que c'est pas le principe des Restos, mais je voudrais le faire pour ma mère. Pour lui faire plaisir ». Elle était très émue, mais inquiète de ne pas voir Reggiani. Finalement, plus de peur que de mal… Mais où est mon duo ? Le lendemain, j'appelle la production et je leur demande si par hasard, ils n'avaient pas enregistré la répétition de l'après-midi…

C'était si important ?

Bien sûr ! Depuis longtemps – depuis Bobino –, j'attendais de chanter avec Reggiani ! Et la répétition s'était tellement bien passée… Je les ai harcelés une demi-journée et, effectivement, ils ont fini par trouver un enregistrement de la répète ! Ils ont fait un montage, entre le public du vrai concert, moi, notre duo en répétition… C'était du bricolage mais mon duo avec Serge est passé à la télévision !

Mais on doit voir les raccords ?

Qu'est-ce que ça peut foutre ? Je ne suis pas habillé pareil d'un plan à l'autre : à un moment donné j'ai une veste, à un autre un pull, et alors ? Il y a une telle émotion, c'est vraiment beau. Et puis, Reggiani, brut de décoffrage, pas maquillé, il est… splendide ! Et ça représente tellement de choses pour moi…

La chance de réaliser adulte ce qu'on a rêvé enfant, de se tenir ses propres promesses. L'autre histoire de serment accompli, c'est l'Olympia de Patrick – histoire fétiche qui naît à l'adolescence, sur le trottoir du boulevard des Capucines.

C'est le 20 janvier 75. Je vais aux Wagons Lits acheter des places pour le match de rugby France/Pays de Galles. Manque de pot : le stade est plein, plus un seul ticket ! J'erre donc sur le boulevard quand un type m'arrête : « J'ai un billet de trop pour le concert de ce soir. Ça vous dit de me l'acheter ? 20 francs ? » On était devant l'Olympia, j'ai levé les yeux et j'ai vu : MICHEL SARDOU. Ce n'était pas trop mon genre de musique, mais je me souvenais de quelques slows très fructueux, l'été précédent, sur « La Maladie d'amour ». Je me devais d'en savoir plus. Et je lui achète sa place. Me voilà dans la salle, au dernier rang du balcon (quelle arnaque !), assistant à une première partie improbable (double arnaque !). Entracte. Je me demande un peu ce que je fous là, et puis les lumières s'éteignent, la scène s'éclaire, Sardou entre dans un halo de lumière et, pendant deux heures, je suis complètement scotché à mon fauteuil, avec un sentiment étrange. Le spectacle terminé, je reste vingt minutes tout seul, à regarder la scène et la salle. Et je dis : « Moi aussi, un jour, je serai là, comme lui ! »

Et ça va te prendre douze ans...

Douze ans et quatre mois, jusqu'au 5 mai 87...

En mai 87, Patrick n'a rien fait encore, une demi poignée de tubes, un album à seulement 15 000 exemplaires, mais l'Olympia va chavirer d'évidence. C'est un cliché, bien sûr, de dire qu'il se souvient de cette soirée comme s'il venait de la vivre, mais le cliché est simplement réel, et Patrick revit et redit la scène, et la redira encore si on en reparle, et encore, et c'est ainsi.

Jean-Michel Boris et Patricia Coquatrix sont à côté de moi ; Pascale, qui est devenue mon assistante, me crie, deux paires de chaussures à la main : « Les daims ou les cuirs ? » On éclate de rire, j'ai du mal à les lacer dans le noir… Les musiciens démarrent, le public hurle derrière le rideau. Il faut y aller, j'ai la gorge tellement sèche et le premier verre d'eau est à trois kilomètres, là, tout près de la batterie. Le rideau s'ouvre, j'entre, la clameur me fait vaciller, je perds l'équilibre et manque de me casser la gueule. Le public commence la chanson à ma place et va continuer à chanter sans interruption pendant une heure et demie, rire à mes imitations, m'écouter sans un bruit sur Brel et ne jamais me laisser partir…

Un truc sur ce type, au cas où on ne le remarquerait pas : le culot, ou l'audace, de ceux qui ne doutent de rien, ou mieux : qui donnent cette impression. Le jeunot à qui on offre l'Olympia et qui se le goinfre, pas seulement pour ses chansons, mais pour un show, se lançant dans des sketches et des imitations… Il y en a des milliers, des gamins qui grattent la guitare, mais il faut avoir cette inconscience évidente et charmante pour faire Bruel..

Tu l'as eue quand, ta première guitare ?

A 15 ans… La guitare, c'est quand je vois un mec au lycée qui séduit tout le monde avec trois accords en chantant du Bob Dylan.

Tu te dis que c'est ça la solution...

Visiblement ! Je me dis qu'il doit être sympa, ce Bob Dylan, il faut que je le connaisse de plus près. Donc je me démerde pour trouver une guitare... Il y en a une accrochée depuis un bail au mur de la chambre d'un copain, il ne s'en sert pas. « Elle est à toi ! » Merci ! Je commence à apprendre tout seul avec des *song books*, des tablatures et les conseils du play-boy dylanien... Début de l'aventure.

Mais ça commence que là ?

Non, bien avant ! Le copain à la guitare, c'est vrai et c'est amusant. Mais je baigne dans la musique depuis mon plus jeune âge. Je te l'ai dit : on écoute de tout à la maison, dans un éclectisme extraordinaire... Et puis, Monsieur Brun, mon prof en sixième à Henri-IV, avait appelé ma mère pour lui dire : « Il a une oreille exceptionnelle, vous devriez lui faire faire de la musique... »

Ce qu'on appelle l'oreille parfaite, c'est ça ?

Je n'ai pas l'oreille absolue mais j'ai une très bonne oreille. Ça s'appelle l'oreille « relative » : j'ai quand même besoin d'un point de repère pour tout décliner. En revanche, j'entends, je mémorise, je reconnais... A une époque, tu me faisais écouter n'importe quelle œuvre classique, je la sectorisais tout de suite. Ça, dès l'âge de 10-11 ans...

Tu pouvais dire à quelle école un morceau appartenait ?

Epoque, école, compositeur souvent, et même parfois quel chef d'orchestre. Entre 10 et 15 ans, j'étais à fond là-dedans, c'était presque une gymnastique.

Ta mère a écouté Monsieur Brun ?

Elle m'a inscrit au Conservatoire du XIIIe, solfège et piano. Mais à la maison, pas de piano. A la place, j'en dessine un sur la toile cirée de la table de la cuisine : je travaille mes exercices comme ça, sur une espèce de piano fictif. C'est le petit côté Zola de mon histoire… Pas vraiment bourgeois !

Chez Patrick aujourd'hui, il y a un piano à queue, ou demi-queue (je réalise maintenant que je ne sais plus), qui cale un immense salon, très net, très chaud. Il fait serein chez lui comme dans du Bach, avec juste un demi-ton en plus…

Quand Oscar ou Léon n'ont pas envie de travailler leur piano, tu comprends que ça me gonfle un peu…

Tu as fini par en avoir un, de piano ?

Pas moi ! J'en ai acheté un pour mon petit frère David, quand il avait 6 ans.

Toi, tu avais 18 ans, tu lui as acheté un piano ?

Dès que j'ai eu un peu d'argent… Oui, c'est la première chose que je voulais acheter, parce que moi je n'en avais pas eu. Du coup, j'ai appris peu à peu à en jouer. Suffisamment pour composer et m'accompagner, mais tellement loin de ce que j'aimerais…

Mais dans ton enfance, tu répètes sans le son, sur ta table de cuisine ?

Sans le son ! En plus en cours, je fais semblant de lire la partition. Je refais d'oreille, faute d'apprendre le solfège... Sale gosse ! Ah ! si j'avais plus travaillé, je pourrais jouer aujourd'hui Schubert ou Liszt... C'est un de mes grands regrets.

Tu ne sais pas lire une partition ?

Si, mais pas comme je le voudrais.

Tu ne saurais pas jouer un grand air du classique ?

En travaillant beaucoup, je pourrais faire vaguement illusion, mais pas longtemps !

Tu en joues pour toi ?

Ça m'arrive de temps en temps. Non, non, c'est même prétentieux ce que je dis là ! Ça voudrait dire, déjà, que j'en joue bien ! Pas du tout... Quand on a fait le spectacle Chopin/Musset, avec Caroline Sageman, je m'amusais à essayer de reproduire quelques notes de la Valse en *la* mineur... mais j'attendais qu'elle soit partie ! Non, franchement, c'est un autre monde ! Quand je vois Agnès, la fiancée de mon frère, qui est pianiste classique...

C'est un monde que tu envies ?

Pour moi, c'est un monde merveilleux. Mais je sais à quel point il est impitoyable.

Tout ce que tu as là, tu ne l'avais pas dans cet autre monde : l'aisance, une vie brillante, une popularité...

Encore que... mais la question n'est pas là. Je te parle de l'immense difficulté pour y arriver.

Tu aurais voulu cette ascèse-là ?

J'aurais voulu avoir cette rigueur qu'ont les classiques, les musiciens, les danseurs... Céline possède cette rigueur. Quand je la vois travailler comme journaliste, assimiler, apprendre – notamment quand elle étudiait le chinois –, je vois ses dix ans de saxophone, sa formation classique : ces gens-là, tu peux leur donner des conseils, mais tu n'as rien à leur apprendre, ils savent. Moi je suis plutôt système D.

Parce que tu es trop facile ou trop doué...

Oui, mais justement, le don a des limites qu'on ne dépasse qu'avec beaucoup de travail, parfois quelques fulgurances, mais surtout beaucoup de travail ! Comme disait Descartes, « le génie est une longue patience ». J'ai beaucoup de mal à écrire ou à finir mes textes, c'est ma plus grosse difficulté. Je culpabilise. Je bloque. Je reporte. J'ai l'impression que je n'y arriverai jamais. Et pourtant, il suffit que je m'enferme vraiment avec une idée et aucune source de distraction, pour écrire une chanson en quelques heures. Enfin... pour le texte, parce que les musiques, en général, je les compose en temps réel, c'est-à-dire que, parfois, je peux mettre quatre minutes, le temps de la chanson. « Place des Grands Hommes », par exemple : quelle histoire !... Je donne à Bruno Garcin l'idée d'une chanson en vue de l'émission de Sabatier, « Avis de recherche », qui s'inspirerait un peu de *The Big Chill* (*Les Copains d'abord*) de Lawrence Kasdan. Il m'envoie très vite un texte. Je lui dis que je fais la musique et que je l'appelle. Un mois plus tard, il vient aux nouvelles. J'avais complètement zappé. Je lui réponds : « J'ai composé un truc... C'est pas mal...

Je dois le peaufiner… Euh, passe la semaine prochaine, je te le ferai écouter… » Et là, j'entends comme dans un mauvais rêve : « Je suis en bas de chez toi, je monte écouter un peu la direction. » Je m'en souviendrai toute ma vie. Il entre. Je prends ma guitare, je pose le texte devant moi, je n'ai pas la moindre idée de ce que je vais jouer… Moi : « Ça donne à peu près ça… » *Sol*, *la* mineur… On s'était dit… Quatre minutes plus tard, il a les larmes aux yeux : « C'est génial ! Qu'est-ce que tu veux peaufiner ? Elle est finie ! » Je suis stupéfait mais maintenant, j'ai peur d'oublier la mélodie ! Je n'ai qu'une envie, c'est qu'il s'en aille, pour vite l'enregistrer ! Et tu connais la suite…

C'est un don ?

Oui, si tant est que ça plaise aux autres ! Et à moi, avant tout… Mais c'est vrai que les musiques me viennent facilement. Qu'il y en a toujours une qui traîne dans ma tête. En revanche, écrire un texte, ça renvoie à beaucoup trop de choses, mes références littéraires, mes manques, mes ambitions. J'ai peur d'un texte écrit, figé, définitif. Et plus honnêtement, je n'ai pas cette capacité à me lever à 6 heures du matin, à me mettre au travail, comme la plupart des gens qui écrivent.

Tu n'es pas Max Gallo !

Non et tant mieux pour l'Histoire !… J'aimerais bien être un Max Gallo, oui. Un écrivain qui se lève très tôt, se met devant sa feuille : qu'il en sorte ou pas quelque chose, c'est sa discipline de travail. Mais je n'ai pas cette gymnastique-là, donc je pratique et panique dans l'urgence.

Tu finis quand même par y arriver…

Sauf en ce moment. C'est la première fois que c'est aussi difficile. J'ai plus d'un an de retard sur mon album, c'est beaucoup. Ça n'arrange rien à ma sérénité.

La sérénité, tu connais ça, toi ?

Pas vraiment, mais ça doit être chouette…

Pourquoi ce retard ? Tu as trop fait de poker ?

J'ai trop fait de tout !

Mais tu réussis tout ce que tu fais ! C'est ça le problème ?

D'abord, pas tout ! Et puis non, on ne va pas appeler ça un problème. Au contraire ! Mais il me faut en permanence re-situer mes priorités. Et en l'occurrence, ma priorité – à part finir ce livre –, c'est de terminer mon album parce que j'ai envie de refaire des concerts, et sans un nouvel album, c'est plus difficile. L'album reste le passeport pour une grosse tournée.

Mais c'est un manque physique, la tournée ?

Vraiment.

Ou c'est une obligation professionnelle ?

J'ai la chance de n'avoir aucune « obligation », c'est peut-être ça le problème… Non, c'est un vrai manque. Chanter, être sur scène, partager cette émotion avec le public reste ce que j'ai vécu de plus fort, que ce soit en acoustique *(Seul ou presque…)*, à Bercy, aux Restos du Cœur, au Stade de France, dans l'Opéra du château de Versailles ou dans un karaoké, je…

Tu vas au karaoké, toi ?

Ça m'arrive… J'aime bien l'ambiance. Tout le monde ne chante pas très bien mais on s'en fout. On n'est pas là pour ça. C'est même parfois très intéressant de voir les gens confrontés à leurs inhibitions…

A cette époque, quand nous parlons, Patrick souffre le martyre en préparant son prochain album. Il tourne autour de ses chansons incomplètes comme autour d'un objet effrayant et désiré à la fois, aboulique et plein de bonne volonté… C'est juste un moment de sa vie, on finit toujours par écrire ce que l'on doit. Mais ça le travaille tout le temps où l'on se voit. On va en reparler, maintes et maintes fois. J'assisterai en direct live aux souffrances du créateur, quand il ne se décide pas à créer… Et aux affres de Patrick Bruel, sans cesse forcé de s'égaler. On y reviendra. On n'est pas au bout, pour l'instant, du complexe classique…

Qu'est-ce que tu as fait à Versailles ?

Un concert pour les trente ans de la fondation Pasteur-Weizmann. Quatre-vingts musiciens. Antonello Alemandi à la baguette, quelques-unes de mes chansons, certaines du répertoire (Brel, Aznavour, Reggiani) et puis deux airs d'opéra : le « Duo de l'âne » de *Véronique* et le « Nessun Dorma » de *Turandot*…

C'est beaucoup plus compliqué que d'apprendre une simple chanson ?

Oui et Catherine Daiprés, professeur de chant, m'a pris pour un dingue quand je lui ai dit que je voulais chanter « Nessun Dorma ». Elle était à deux doigts de me foutre hors de chez elle. Je lui ai dit : « On est le

20 septembre, je chante le 9 décembre, vous avez 2 mois et 19 jours pour me dire : “N’y va pas.” Mais en attendant, faites-moi travailler. »

On s’est vu deux fois par semaine, moi je répétais tous les soirs, tard, dans mon parking, seul endroit où j’emmerdais personne. Sauf un soir… Imagine la tête du voisin qui rentre tranquillement chez lui à minuit et qui découvre ce tableau surréaliste !

Et le concert ?

Au moment de chanter… de lâcher ma note… Je sens un chat dans ma gorge. Il y a un instant de suspension. Antonello qui me regarde, la baguette en l’air, comme dans les dessins animés… En une fraction de temps, je me dis que je n’ai pas galéré deux mois pour ça. J’arrache la note de mon corps, ça dure une éternité, l’orchestre me rejoint, la salle est debout, Antonello me serre dans ses bras en criant : « Tou es oun animal ! »

Le chat dans la gorge, c’était psy ?

Non, c’était sec ! La scène de l’opéra du château de Versailles est sublime, mais le bois assèche l’air…

On peut le revoir sur Internet[1]*, Patrick en habit noir et son bonheur après l’aria. Aimer, c’est désirer ce qu’on a, paraît-il. Aimer, c’est désirer, résume-t-il… Pour ce concert, il avait répété dévoré d’envie, chantant dans son parking. Il a, en lui, une autre voix que la sienne, vers le ténor, un coffre inexploité.*

1. http://www.dailymotion.com/video/x2jt3w_patrick-bruel-a-l-opera-2005_music.

Ce que fait McCartney à l'âge mûr… il doit avoir une cinquantaine d'années quand il le fait… Il tente une œuvre classique. Comment ça s'appelait ? C'était l'opéra de Liverpool ? Le concerto de Liverpool ?

Patrick n'est pas seul à combler ses trous. Il s'agit de l'oratorio de Liverpool, composé pour le 150e anniversaire du philharmonique de la ville natale des Beatles et de Wayne Rooney… Paul avait 49 ans alors.

Je ne connais pas.

Il tente une œuvre classique. Lui qui ne lit pas le solfège, pour le coup…

Il compose et il fait arranger.

Sans doute.

C'est vrai qu'on a toujours la tentation d'aller là où on n'est pas. Le footballeur rêve d'être chanteur, l'acteur d'être avocat, le médecin écrivain et l'écrivain… footballeur !

Tu le vois dans tes rencontres avec des amis sportifs ?

Oui, entre autres. Après m'avoir vu sur scène, ils ont toujours ce même regard dans la loge…

Qui est ?

Quelque chose qui brille dans leurs yeux. Ils se disent tous : « Ça doit être fou ! J'aimerais vivre ça au moins une fois… » Regarde Lindon, qui, depuis des années, n'a jamais vraiment compris ce qui se passait dans ma tête. Vincent vient de chanter deux soirs de suite avec

Dutronc, au Zénith. Il est sur un nuage, il m'envie : « Tu fais le plus beau métier du monde ! Je ne comprends même pas qu'on puisse faire quoi que ce soit d'autre… Si j'étais chanteur, je partirais 365 jours par an pour chanter deux fois par jour ! »

Gainsbourg pensait que la chanson, au fond, relevait d'un art mineur ?

On peut considérer que c'est la descendance de deux arts majeurs : la Musique et la Littérature… Et qu'une chanson n'est finalement ni l'un ni l'autre. Mais il y a tellement de contre-exemples. Dont Gainsbourg justement !

…

Gainsbourg, quand même ! Gainsbourg, son sens de la mélodie, de l'accompagnement, ses renversements musicaux, ses inventions géniales, ses textes, sa façon de les chanter… Lui a fait de la chanson un art majeur, tout comme Trenet… Souchon ou Brassens.

On peut déclamer ses chansons ?

Ah oui, Brassens, c'est de la grande poésie, qu'il y ait une musique ou pas ! Mais il travaillait tellement ! Parfois un an pour écrire une chanson, pour finir un texte.

Et toi tu t'étalonnes comment ? Tu te compares comment ? Dans l'histoire de la musique ou de la chanson…

Moi, je suis issu d'un mélange de générations. Mais globalement, je pourrais dire que je suis un enfant de Souchon… Ça n'engage que moi, mais je pense qu'il y a trois grands tournants dans l'histoire de la chanson française. Trois artistes qui ont modifié le cours de l'écriture. Je ne te parle pas seulement de talent, mais d'école…

Premier tournant ?

Trenet : il y a un avant et un après.

Trenet, par quoi ? Par le surréalisme, par le jazz ?

Surtout le swing ! Il fait swinguer la chanson, il l'ensoleille avec en filigrane toujours une ombre, un engagement. « Y a d'la joie », par exemple… Ensuite, le grand virage, ce sera Gainsbourg. Entre Trenet et Gainsbourg, il y a une ligne d'écriture à peu près cohérente. Et après Gainsbourg, il faudra attendre Souchon…

Qu'est-ce qu'il amène, Souchon ?

… Une part d'enfance dans l'écriture, le quotidien de l'anti-héros, une nouvelle forme d'universalité qui, juste après 68, tranche avec la fin de la vague yé-yé… Depuis Souchon, je ne vois que des enfants de Souchon.

Dont toi ?

Oui, je pense.

Des enfants qui raconteront des histoires, parfois, sur un ton doux-amer, triste et nostalgique ?

Et parfois avec un peu de distance, d'humour, comme Renaud.

Oui, ce qui est effectivement dans la veine de Souchon.

Moi, je me situerais dans cette génération qui… J'ai une place un peu à part. C'est un mélange, je dirais, de Souchon, Goldman, Berger, Renaud…

Un parmi d'autres ?

Oui, mais quels autres ! Avec sans doute une spécificité qui a touché les gens, mais j'hérite un peu de tout ça. Et de Balavoine… Un côté social, engagé et, à la fois, un côté variétés très assumé et un peu rock parfois, c'est assez éclectique.

Tu le connaissais bien, Balavoine ?

Bien, non, mais on commençait à se croiser pas mal peu de temps avant qu'il parte. Il m'intéressait. Ses coups de gueule, ses combats, sa fondation… Et puis, j'aimais bien ses chansons.

Vous étiez un peu sur le même terrain ?

Je pense, oui. Les gens avaient du mal à nous situer. Chanteur de variétés, mais qui l'ouvre quand c'est plus fort que lui. Lui, au journal d'Antenne 2, ou moi à « 7 sur 7 »… La presse est un peu désarçonnée, le métier ne sait plus à quelle catégorie tu appartiens, ça étonne ou ça agace !

Patrick et Balavoine… Quand on pense au « Chanteur », ce vieux tube de Balavoine, qui racontait une idole des jeunes sur laquelle on finissait par cracher, on frôle quelque part le destin de Bruel, à un moment de sa vie. On parle ici des années 90, à leur début, pour les trop jeunes ou ceux qui passent à côté de leur temps…

Quand un jeune acteur à bonne bouille et cheveux frisés, qui avait déjà commis un succès isolé, « Marre de cette nana-là », entêtant et acidulé, se révélait soudain chanteur, et plus que chanteur, un phénomène avec un album au succès démesuré, Alors regarde, *qui finirait à 3 millions de ventes, porté par des tubes générationnels, « Casser la voix » en tête… Quand la Bruelmania emportait tout et toutes les jeunes filles, et le monde des sachants et des pisse-froid se vengerait de lui, dans les lazzis et l'hystérie… Et ces lazzis le marqueraient plus encore que l'amour de ses fans. On en parlera, de la blessure de Patrick l'homme-enfant, la star qui voudrait encore et toujours être un peu plus reconnue. Il a dit une chose il y a quelques mots, Patrick, sur son complexe étrange au moment où Jean Daniel lui écrit ; ce n'est pas un complexe de saltimbanque face au patriarche fondateur du* Nouvel Obs, *Bruel est loin de ça. C'est autre chose, qui l'amène soudain, si sûr de lui en apparence, à douter du regard de l'autre, de ce qu'il va penser de lui. Séduire donc, de peur de n'avoir pas convaincu par ce qu'on fait.*

Quand on venait de se rencontrer, avec Patrick, peu de temps avant de se mettre au travail, il était allé voir McCartney à Bercy… Il nous avait raconté, à Muriel Beyer, notre éditrice, et à moi, comment il s'était accroché avec la sécurité de l'ex-Beatles qui ne le connaissait pas, et comment le grand Paul, le voyant derrière le brouhaha, l'avait accueilli en frère de musique. Il y avait dans cette anecdote tant d'indignation et de fierté enfantine, surprenantes chez ce quinqua accompli, je les lui ai rappelées…

Ton histoire avec McCartney, qui t'invite quand sa sécurité te bloquait…

C'était… incroyable ! Bercy, j'étais arrivé sans badge par le backstage, un peu comme chez moi. J'étais donc en train de me faire virer par deux musclés, le ton commençait à monter, quand soudain, j'ai entendu : « *Hey, Patrick ! Come on ! It's so nice to see you…* » Et Paul, que je n'avais jamais rencontré, m'a pris dans ses bras !… Un verre de bordeaux et quelques mots plus tard, j'entrais dans la salle avec l'impression que j'allais voir chanter mon meilleur ami…

A la fois, quand tu la racontes, tu la joues mec couillu qui ne se laisse pas manipuler par les vigiles, quand bien même feraient-ils deux mètres ! Et en même temps petit garçon devant McCartney…

Ça prouve une fois de plus que j'ai gardé intacte ma capacité d'émerveillement.

« Putain, je suis devant McCartney ! »… Tu es content aussi que McCartney te connaisse.

Plus que ça. Il savait qui j'étais… artistiquement ! Elle est là, la fierté ! Tu te rends compte de ce que ça représente pour moi ! Qu'un mec comme McCartney ait peut-être déjà entendu une de mes chansons… Ça fait plaisir quand même, je le chante depuis que je suis môme !

Tu as encore besoin de validation, après tout ce que tu as fait ?

… Peut-être parce qu'on m'en a prive…

Tu as eu des récompenses en veux-tu en voilà !

Celles du public, sans aucun doute.

Tu n'as jamais eu de Victoire de la musique ?

Si.

Et on s'en fout ?

On ne s'en fout pas, mais je ne l'ai pas eue la bonne année.

Je ne pige pas...

Je l'ai eu en 92, mais c'était comme un trophée de rattrapage, j'aurais dû l'avoir en 91... Cette année-là, je suis nommé trois fois : meilleur album pour *Alors regarde*, meilleur spectacle et meilleur artiste. Dans la profession, les médias, tout le monde dit : « Il aura les trois, c'est une évidence... » Et on sait même, par le collège des votants, qu'au pré-vote j'ai obtenu 95 % des voix dans une catégorie, 89 % dans l'autre, et 92 % dans la troisième... La cérémonie commence. Meilleur album : tout le monde s'attend à ce que ce soit moi, c'est Alain Souchon qui gagne pour un *live*, un *best of* en quelque sorte, puisqu'il n'y avait qu'une chanson inédite...

Donc pas un album pensé, réfléchi, conçu...

Déjà, là, tu te dis : « C'est bizarre »... Ensuite, meilleur spectacle : on le donne à Johnny qui monte sur scène en disant que c'était moi qui le méritais ! Et maintenant arrive la Victoire du meilleur artiste, tout le monde se dit : « Au moins, il aura celle-là ! »... Et puis, patatras : « Meilleur artiste masculin de l'année : Michel

Sardou ! »… Michel qui n'avait simplement rien fait cette année-là ! Et qui le dit, d'ailleurs, stupéfait, quand il reçoit le prix en duplex ! Toute la soirée bascule dans les sifflets. C'est moi qui suis obligé de calmer le public, parce que je monte quand même sur scène, pour remettre un prix… Je suis triste. Je ressens ça comme tellement injuste : je ne me sens ni aimé, ni accepté par le métier. Et le lendemain, la presse est unanime ! *Le Parisien* titre en une : « Le scandale » et en plus petit : « de la victoire volée »…

Mais tu as gagné l'année suivante ?

Meilleur artiste… J'avais eu trois nominations… Artiste de l'année, la récompense suprême. Quand je suis monté sur scène, j'ai été un peu con. Au lieu d'être content et d'oublier ce qui s'était passé un an avant – et que tout le monde, évidemment, voulait oublier –, moi, je suis rentré dans une espèce de trip…

Parano ? De défi ?

Je ne sais pas… Un truc bizarre ! Je suis monté sur scène et je suis resté pendant une minute à toiser la salle sans rien dire. C'est long, une minute ! Je les ai regardés et j'ai dit : « Bon, maintenant, je vais chanter. » Et je suis parti chanter ma chanson devant un auditoire perplexe, qui ne pouvait logiquement pas mesurer la portée de ce message ! Un vrai fou ! *(Il se marre.)*

En 1992, tu étais un môme de 32 ans !

Un môme qui venait de vivre un phénomène de société quasiment sans précédent. Il y avait parfois de quoi perdre son calme… L'artiste qui chantait pour les

« minettes » mais qui parlait politique à la télé, ça n'allait pas...

Ça paraît bizarre, comme ça, le type qui parle de lui-même en « phénomène de société », et qui a l'air normal, quand il raconte, à la fois extérieur et participant à sa saga. Patrick oscille entre la revendication et la distance critique – être ou ne pas être hâbleur ? Ensuite, si on pose le parcours, juste pour l'histoire, c'est juste vrai ; ce mec a vraiment joué dans des phénomènes de société, ces aventures collectives qui modèlent nos souvenirs, ce qui reste d'un pays... La Bruelmania des années 90 ; la poker-folie de notre temps. Et une mode rétro autour du son de musette, à laquelle son album, Entre deux, *a donné le tempo. Ce qui est drôle dans notre histoire, c'est que je suis passé à côté, au fond, comme vivant à côté du pays, et notre relation ne passe pas par sa gloire – par nos ressemblances ou ce qui me touche en lui. Je n'étais pas des concerts de la Bruelmania ; je ne pige dramatiquement rien au poker ; quant au musette et assimilé, il me faisait tripper avant qu'il ne les chante, il m'avait même vexé de l'offrir à tous... Patrick, parfois, doit penser que je suis un huron, quand on se parle, qui a raté une partie du film...*

Tu insistes beaucoup sur cette émission de télévision, « 7 sur 7 »..., ce n'est quand même pas ce qui te caractérisait à l'époque ?

Il n'y a pas eu que celle-là mais elle a compté, beaucoup. Les gens ont en mémoire le « 7 sur 7 », ça c'est sûr.

Sincèrement, je me souviens plus de ton refus de chanter à Orange en 95…

A Orange, Marignane et Toulon ! Manque de bol : les trois villes passées au FN étaient prévues dans ma tournée !

Je me souvenais de ça, très nettement… mais « 7 sur 7 », je t'avoue…

C'était quatre ans avant.

Quelle date ?

24 novembre 1991. C'est drôle, on sort le bouquin 20 ans après, jour pour jour ! On était trois mois avant des élections régionales où l'on annonçait 50 % d'abstentions, avec un Front national qui était en train de péter le plafond !

Laisse tomber ! Ma fille est née le 25 octobre 1991… Je n'en avais rien à faire du reste !

Là c'est clair ! Alors que le 24 novembre 91, il se passe des choses dans le monde ! En plus, toute l'actualité tourne autour du nationalisme… La Serbie, la Louisiane et Le Pen.

Qu'est-ce qu'il y avait en Louisiane ?

Un ancien du Ku Klux Klan avait failli rafler la Louisiane : David Duke… Tu ne te souviens pas de ça ? Ça a du bon d'être papa !

N'empêche, dans ta vie, tu as fait des choses plus importantes que « 7 sur 7 »…

Euh, oui… j'ai fait deux enfants !

Tu as fait plein de choses, tu as une œuvre !

Je n'ai pas conscience d'avoir une « œuvre ». Je n'ai pas forcément le sentiment qu'il restera quelque chose… Parce que je ne crois pas qu'on m'accordera ce droit.

Qui ça, on ?

Ceux qui décident, qui donnent des labels, qui écrivent l'histoire… Le public, aussi fervent et inconditionnel soit-il, ne suffit pas. On a forcément besoin de reconnaissance « officielle », « institutionnelle »… Celle qui laisse une trace.

On entre dans ce qui brûle Patrick, juste ici. Incompréhensible quand on le regarde, accumulant les dons et les succès, rayonnant et attirant le bonheur, et pourtant marqué par cette impression lancinante, d'être ou d'avoir été méconnu, au temps de sa première gloire. Ou pire.

J'ai voulu simplement qu'on m'apprécie à ma juste valeur. A un moment, j'avais du mal à être caricaturé aussi grossièrement, à passer pour un débile ou un analphabète.

Quand as-tu été présenté comme débile ?

Dans des sketchs parfois plus méchants que drôles… Ou quand on faisait passer mon public pour une bande de débiles hystériques.

C'était un mépris insupportable ?

C'était surtout un décalage insupportable…

C'est encore dur aujourd'hui ?

Non, les choses sont plus en place.

Ou alors tu as grandi.

Tout le monde a grandi. On a peut-être plus intégré ce que je suis. Et j'ai probablement plus de distance. En tout cas, je vis très bien avec l'image que je renvoie désormais.

Mais l'époque de « Patriiiiick » et de l'émeute du restau italien, c'était autre chose…

Le restau italien, tu l'as en face de mon bureau : le Caffè di Roma. Aucune chance de l'oublier ! D'un autre côté, c'était la rançon de la gloire. Cette espèce de truc fulgurant qui dépassait tout le monde, moi le premier, qui rendait jaloux, qui rendait dingue !

Ce n'est pas évident de survivre à ça ?

Ah non, il a fallu être vigilant !

Si on revient une seconde sur cette vieille histoire… Tu déjeunes avec Arcady sur les Champs, on te reconnaît, les fans s'agglutinent, et ça finit en happening… Qu'est-ce qu'on fait le soir, comment se sent-on, quand on a provoqué ça ?

D'abord, on ne déjeune pas : il est 5 heures de l'après-midi, on prend un café dans l'arrière-salle, il n'y a personne. Une jeune fille passe par là pour téléphoner, elle me voit, elle ressort, elle prévient ses copines, et tu connais la suite… Emeute. Plus de 1 000 personnes qui ne savaient absolument pas ce que les 50 devant regardaient. Principe même de l'émeute… Sur le moment, tu te marres, tellement c'est imprévu. Tu essayes quand même de trouver une sortie, parce que ta mère t'attend pour dîner...

L'idole des jeunes dînait chez Maman...

Evidemment, la femme de ma vie ! Mais il y avait du monde, elle avait invité toute la famille... Donc j'ai été évacué dans un car de police ! Jusque-là, ça reste marrant. Ça l'est moins un peu plus tard, quand tu te rends compte de ce que les médias en font et des conclusions que les gens vont en tirer. Le premier flash sur Europe, et ensuite les journaux, les commentaires, ce qu'on appelle le *buzz* aujourd'hui. Et les suppositions : je l'aurais fait exprès, j'aurais tout organisé pour faire un coup de pub... En plus d'être un débile, j'étais un manipulateur ! Pas mal pour un seul homme... Mais surtout dommage d'avoir donné une sale couleur à ce moment un peu brindezingue, qui pouvait être simplement sympa...

Non, ce n'est pas sympa. C'est terrifiant, pour un mec normal, de ne pas pouvoir marcher dans la rue.

Ce qui est arrivé ce jour-là, à ce point-là, était très rare ! A part en tournée, évidemment, quand tu arrives dans une ville où tout le monde t'attend depuis des mois, et que tu es l'attraction du jour ! Sinon, j'ai toujours marché dans la rue « tranquillement », même au milieu de la ferveur... Non, ce qui est effrayant, c'est l'utilisation qui en a été faite à l'époque.

En quoi ?

J'énervais des gens. Il fallait me toucher et cette histoire a été un vecteur. Il fallait me dézinguer, me caricaturer, et un bon moyen, je te l'ai dit, ça a été de faire passer mon public pour des cons. Des hystériques et des cons. Et à partir de ce moment-là, je me retrouvais être un vecteur de cons. Et donc c'était moi, le con...

A ce point-là ?

Ça m'a blessé et ça m'a fait peur... J'aurais pu ne pas m'en sortir.

En tout cas, tu n'es pas guéri.

Tu n'as pas idée de ce que c'est de se retrouver dans un tourbillon, jusqu'à se faire déposséder de soi-même. « Envoyé spécial » avait fait un reportage sur moi, d'une malhonnêteté et d'un vice invraisemblables... Ils étaient venus au concert NRJ à la Nation, à l'automne 91 ; ils voulaient parler du « phénomène Bruel ». J'ai juste été honnête : j'allais passer chez Anne Sinclair. Ils voulaient la doubler, je leur ai dit non : « On attend "7 sur 7" et après, on fait ce que vous voulez ; le phénomène, comme vous dites, il sera encore là dans quinze jours... »

Et ils n'ont évidemment pas attendu, pour ne pas se faire griller !

Evidemment ! Ils ont filmé des images du concert, trois filles qui traînaient en bas de chez moi, ils ont fait leur sauce et diffusé trois jours avant TF1 !

C'est de bonne concurrence... De là à le ressasser vingt ans après ?

C'est le contenu et ses conséquences qui me font ressasser ! Ils avaient interviewé ces trois filles vulgaires, stupides et surexcitées qui racontaient des conneries. Elles étaient tellement loin des milliers de personnes que j'avais croisées pendant cette tournée, mais elles sont devenues « mon public » : une assemblée de débiles ! Ce reportage était pitoyable mais il a donné le ton avec un tel impact qu'il a fallu beaucoup de temps et d'énergie pour inverser la tendance...

Il a suffi de trois excitées ?

« Envoyé spécial » avait un impact énorme : émission sérieuse, grand public. Ce qu'ils montraient ne pouvait être remis en cause. A l'époque, Antenne 2, *Télé 7 Jours* et tout un tas de journaux ont pourtant reçu des milliers de lettres qui disaient : « La description que vous faites de nous, à travers ces filles, est scandaleuse. Nous ne sommes pas comme ça ! »

Tes fans en souffraient vraiment ?

C'était très violent ! Pour eux, pour moi... Tu vis un succès extraordinaire, tu es sur scène pendant trois heures avec des gens qui t'aiment, avec qui tu as un échange magnifique. Ils s'éclatent au concert, mais le lendemain, ils sont en classe à étudier Racine et Giono. C'est juste un public enthousiaste, et on le fait passer pour un rassemblement de débiles hystériques !

Cette caricature vous a suivis, ton public et toi ?

L'image est restée longtemps. Quand elle est ancrée dans la tête des gens, tu peux faire ce que tu veux, c'est très difficile. Tu peux mettre des années à rattraper ça... Ou jamais.

Qu'as-tu fait de cette injustice ?

J'ai été pris au dépourvu. Il m'a fallu gérer. Je me retrouvais dans la situation piège de la justification au lieu de prendre simplement le plaisir que cette aventure m'offrait.

« Regardez, je sais lire ! »…

« Je sais même parler… réfléchir… changer une roue ! » Au fond, ça ne rimait à rien. Tu perds du temps avec ça… C'est absurde. Mais sur le moment, tu n'as pas cette distance.

Ça a changé ta carrière de chanteur ? Ça l'a abîmée ?

Ça l'a percutée et ça aurait pu me perdre… Avant même les caricatures, il y avait un décalage : à un moment, on ne parlait plus de moi qu'en faisant de la sociologie, en occultant complètement le côté artistique. Patrick Bruel 88-89-90, c'est un auteur-compositeur-interprète, créateur de chansons et de spectacles. En 91-92, c'est le même album, le même spectacle, mais je suis devenu un phénomène sans lien avec son art…

Un objet érotique !

Objet érotique, savon, produit marketing, et tout ce que tu veux, et des unes de journaux à n'en plus finir. On me met à toutes les sauces… A cette époque-là, ma présence sur une couverture fait monter de 25 % les ventes d'un magazine ! Donc je n'ai pas voix au chapitre. Je suis prisonnier. Otage de ma propre histoire, ou de ce qu'en font les gens. Je rends fou tout le monde. Ceux qui écrivent, ceux qui publient, ceux qui lisent, ceux qui ne veulent plus lire, ceux qui m'aiment et ceux qui en viennent à me détester, à force de me voir partout.

Et toi, tu es fou aussi ?

Fou, non, mais désemparé… Avec des réactions parfois excessives…

On peut dire « non » aux médias…

Tu plaisantes, j'espère ? Quelle valeur pouvait avoir mon « non » ?… Articles et couvertures se succédaient sans la moindre interview. La pression était telle que j'en ai perdu le contrôle, j'en ai perdu mon humour, et surtout ma distance !

Ta part de lucidité !

Non, ma distance ! Ma lucidité, elle, me laissait entrevoir ce qui était en train de se passer… Je n'étais donc pas en état d'accepter le « Patriiiiick !!!! » avec cinq « i »… Ni la dérision ni la caricature…

Tu n'y pouvais rien, dis-tu ?

J'ai pris un jour mon téléphone et j'ai appelé certains rédacteurs en chef ou des patrons de télé que je connaissais, et je leur ai dit : « Vous êtes en train de me tuer. Vous en avez conscience ? »

Te tuer…

Exactement ça. « Sachez-le, vous me tuez ! » Tu vois où j'en étais.

Ils ont réagi comment ?

J'ai entendu : « On ne peut pas faire autrement ! Si ce n'est pas nous, ce sera d'autres… ! » L'important était de vendre du papier. Je trouvais ça injuste… Si au moins, ils avaient essayé de renouveler le propos d'un article à l'autre ! Même pas.

Parano ?

Un jour, la direction de *L'Express* me contacte pour faire un sujet sur moi. Je reçois deux journalistes sur la tournée, tout le monde les accueille à bras ouverts, je leur donne des badges *tout accès*, ils vivent cinq jours avec nous, on partage même le bus… Ils sortent un papier le 2 août 90, couverture de *L'Express* : « La folie Bruel ». Un énorme article qui occulte un peu le côté artistique, insiste sur le phénomène sociologique, le fric, le merchandising…

Qui existait…

Bien sûr et c'était normal d'en parler ! Mais c'était un peu réducteur… Ce qui existait aussi et avant tout, c'étaient des concerts de trois heures. Ce qui existait, c'est que je jouais du piano, de la guitare, et que j'avais écrit et composé la plupart de mes chansons. Ça, ça ne comptait plus… Mais enfin, bon, c'était leur point de vue et ils pouvaient écrire l'article qu'ils voulaient.

Tu le dis toi-même…

Sauf que quatre mois plus tard, j'apprends que ces deux journalistes, Sophie Grassin et Gilles Médioni, sortent un livre sur moi. Sans me prévenir, sans même me contacter. Ça s'était bien passé avec eux, pourquoi me faire un livre dans le dos ? Pourquoi ne pas me téléphoner ? Me demander mon avis ? Plus d'entretiens, plus de profondeur ? Au moins, m'écrire un mot !

Tu as essayé de l'empêcher ?

J'étais au Brésil quand je l'ai appris. J'ai appelé mon agent, Bertrand de Labbey, pour qu'il tire ça au clair. S'ils écrivaient sans m'avertir, c'est qu'il y avait peut-être quelque chose de tordu, mais je ne voyais pas quoi. Alors, j'ai demandé à lire le livre avant parution, pour vérifier au moins qu'il n'y ait pas de truc faux. C'est devenu l'affaire Bruel, une atteinte à la liberté de la presse !

Honnêtement, ça ne se fait pas… On ne peut pas contrôler ce qu'on écrit sur vous…

Arrête tes conneries ! Tous les journalistes ont réagi comme toi. Du corporatisme pur ! « Il a voulu attenter à la liberté de la presse… On ne peut plus rien écrire sur lui… »

Il ne se prend pas pour la moitié d'une mandarine !

Ni d'un pamplemousse !

…

Je sais : aucun rapport mais j'adore ce mot ! Bon, qu'est-ce que je disais ?… Oui, alors, très vite, le bruit circule : « Bruel a attaqué en justice et il s'est fait débouter ! »

Tu avais attaqué en justice ?

Pas du tout ! On a juste demandé à lire le livre, c'est tout ! Ils nous l'ont donné. On a lu, rien de sulfureux.

Pas méchant ?

Non, ça se voulait même gentil, mais c'était tellement médiocre, trop vite fait. Il y avait juste quelques trucs faux sur mes rapports avec mon père qui ont posé problème…

Le bouquin était gentil, pas hostile… Pourquoi en faire une telle affaire ?

C'est eux qui en ont fait une affaire pour créer le *buzz* ! Moi, j'étais juste blessé et en colère d'avoir été utilisé et manipulé. J'en faisais plus un problème éthique que juridique… Eux ne faisaient qu'un coup commercial bien orchestré. Sortie du livre : 8 novembre 91. Le même jour que mon album live, *Si ce soir…*, qui était annoncé comme l'événement de l'automne et dont la pré-commande était colossale. Partout, le livre était en pile à côté des bacs où il y avait mon album.

Et alors ? Il y a toujours eu des gens qui prolongent le succès des autres ou en profitent.

Bien joué !… Mais ça ressemble un peu à du vol !

Ils t'ont volé quoi ?

Dans toute trahison, il y a une part de vol.

Quand des journalistes écrivent des décryptages de la franc-maçonnerie ou de l'ésotérisme pour expliquer les

thrillers de Dan Brown, ils prolongent, ils profitent. Ils ne volent rien !

Je ne remets pas ça en question, ne m'emmène pas sur un faux débat !... Je te parle de la plus élémentaire des corrections. Bien sûr qu'on peut rebondir sur ce que je fais : souviens-toi, d'ailleurs tu t'en souviens pas, quand j'ai sorti l'album des années 30, ça a relancé une mode, ça a dépoussiéré une époque, il y a eu d'autres albums, des concerts, toutes les maisons de disques ont revisité le catalogue, des guinguettes ont rouvert. Tout le monde y a trouvé son compte et tant mieux. J'étais ravi et plutôt fier... Mais là, non : un journal sérieux m'envoie deux journalistes pour un article, je leur ouvre tellement les portes que ça se termine par un livre, sans me prévenir, à l'affût de la moindre réaction pour créer une polémique. Tu n'appelles pas ça une trahison, toi ? Moi, si !

C'est la vie.

Arrête !... Par exemple, toi et moi avons établi des règles à propos de ce livre, si tu y déroges, tu m'auras trahi ! Et dans vingt ans, je t'en voudrai encore.

Mais même si tu as raison, ce qui est fascinant, c'est que tu en parles encore avec une véhémence... Ce sont de vieilles histoires...

Il y aurait prescription ?

Précisément.

Il y a prescription ?

Oui.

Et pourquoi ?

Parce que tu t'en fous !

Malheureusement… ou heureusement, je ne m'en fous pas du tout !

Parce que ta mère est vivante et elle est belle, parce que tu as deux frères qui vont bien, parce que tu as deux mômes sublimes, parce que tu es heureux, parce que tu fais plein de trucs maintenant, et ça ne t'a pas tué !

Si tu vas par là, bien sûr que je dois relativiser, mais ça m'a un peu démoli, à l'époque.

Il le vit ainsi, et ç'a été sa souffrance, quand il était jeune, quand on le croyait juste beau… On parlait de Balavoine, et je pense à son « Chanteur[1] *» : « J'voudrais bien réussir ma vie, Etre aimé, Etre beau gagner de l'argent, Pis surtout être intelligent… J'veux faire des tubes et que ça tourne bien. » Et puis : « Et partout dans la rue, J'veux qu'on parle de moi, Que les filles soit nues, Qu'elles se jettent sur moi, Qu'elles m'admirent qu'elles me tuent. » Et puis : « Les nouvelles de l'école, Diront que j'suis pédé, Que mes yeux puent l'alcool, Que j'fais bien d'arrêter, Brûleront mon auréole, Saliront mon passé, Alors je serais vieux, Et je pourrais crever, Je me chercherai un Dieu Pour tout me pardonner, J'veux mourir malheureux, Pour ne rien regretter. » Mais Patrick, lui, a choisi de vivre et il est heureux, et il a enfoui le malheur*

1. « Le Chanteur », auteur/compositeur : Daniel Balavoine, éditions : Warner Chappell Music France.

en avançant encore... Sauf que ça ressort toujours, ce truc, dès qu'on y touche...

Tu dis que ça a failli t'emporter, toi, ta carrière...

A un moment, dans ce tourbillon, ma crédibilité artistique en a pris un coup...

Quand ?

En gros, entre 93 et 96.

A quoi tu l'as vu ?

J'ai senti venir le contrecoup de l'état de grâce. Une sorte de lassitude des médias, pas tellement étonnante mais qui contrastait avec le triomphe que le public m'offrait tous les soirs. J'avais peur que ce public se laisse lui aussi gagner par cette lassitude... Je me souviens en 94, sortie de l'album *Bruel* que je rebaptiserai plus tard *3* : salué par la presse, mais blocage en radio – alors que j'avais été le mec le plus programmé sur les ondes pendant quatre ans... Il y en a même un qui casse mon disque à l'antenne, en se marrant : « Ça suffit ! » ou quelque chose du genre...

Tu comprends pourquoi ?

Le début d'un ras-le-bol. Ce qui venait de moi ne trouvait plus grâce... Cet obstacle entre le public et moi pouvait être rédhibitoire. Il allait falloir gérer.

Ce sont des années difficiles ?

Pas difficiles, compliquées. Ces années-là, j'aurais dû profiter du succès, être plus serein, insouciant, mais la réflexion a pris le dessus parce qu'il fallait gérer... La présence et la réflexion aiguisée de Bertrand de Labbey et de Rose Léandri m'ont évité de céder à la panique en m'obligeant à toujours garder un cap artistique. Et puis, je fais quand même beaucoup de choses passionnantes : 94 Bercy et la tournée, 95 le Palais des Sports et *Le Jaguar*, 96 *K*…

Tu vois !

Evidemment, je relativise aujourd'hui…

…

Mais j'ai besoin de mes colères ! C'est une étape indispensable pour pouvoir ensuite relativiser, y compris aujourd'hui. Quand j'ai appris que pour *Le Prénom*, tout le monde était nommé aux Molières sauf moi, sur le moment j'étais triste, mais quand je suis arrivé au théâtre, j'étais triste et en colère. Ils m'ont tous dit : « Ce n'est pas grave, tu t'en fous, ils sont jaloux, ce qui compte, c'est le public, etc. » Je leur ai répondu : « Mais laissez-moi être en colère !… Au moins, ce soir ! Pour me permettre de relativiser dès demain »… ce qui n'a pas été le cas d'ailleurs ! Ça a bien duré quelques représentations pendant lesquelles le sentiment d'injustice s'accentuait au rythme des rires, des réactions du public et des commentaires à la sortie… Grande colère intérieure !… Tu sais, quand je perds au poker, j'ai besoin de grogner, de m'énerver. Il m'est même arrivé de parler, fou de rage à… une porte ! « La prochaine fois que je passe devant toi, ça sera gagnant ! » Quand je grogne, je me reconstruis. Donc elles ne servent pas à rien, ces colères…

Tu as changé dans cette tempête des années 90 ?

Oui, obligé ! Je ne pouvais pas m'endormir sur ce que j'étais : pour me sauver, il fallait être un peu stratège, changer certaines choses : 1996 devait donner un nouveau signal !

Parce que tu étais en train de perdre le public aussi, après les médias ?

Mon album *live* ne marchait pas. Les gens n'en voulaient pas…

Ne marchait pas, c'est-à-dire ? 500 000 ?

Ah non !

200 000 ?

Même un peu moins…

Le bide !

Oui, même si ce n'était qu'un *live*. C'est un bide comparé au précédent. Et puis, tu sens que les portes commencent à se fermer. Ça faisait un moment qu'il y avait un mauvais climat autour de moi… Après Bercy 94, un journaliste du *Monde* m'exécute sur le thème : « Bruel, c'est fini ! Les gens ne chantent plus dans la salle ! » Il n'avait même pas vu le spectacle (ce dont il s'est vanté quelques jours plus tard à un de ses confrères qui, malencontreusement, se trouvait être un de mes amis) !

Mais c'était vrai ?

Non, mais *Le Monde*, c'est la Bible ! Tous les journalistes se référaient au *Monde* et cet article allait déterminer l'ambiance médiatique de la tournée ! Je me souviens d'un épisode à Metz, première date après Bercy : mini-conférence de presse dans la loge avant le concert, première question :

« Alors, comment vous vivez ça ? Les gens ne chantent plus dans les salles… Comment ça se passe ?

— Si vous le voulez bien, nous ferons cette conférence après le spectacle… »

Trois heures plus tard, ils étaient perplexes :

« Vous lui avez piqué sa copine, au mec du *Monde*, ou les Parisiens ne sont pas comme nous ? »

Du coup, durant toute la tournée, je faisais les conf de presse après les concerts. J'ai gardé cette habitude, c'est forcément plus fatigant mais plus intéressant.

Quand ton *live* se plante, en 95, que fais-tu ? Tu me disais que tu avais tout changé ?

Je le laisse se planter : aucun intérêt à forcer les choses. De toute façon, on n'y peut plus rien. Dommage, je l'aimais bien, ce *live*, mais basta ! Et je me retire. Je ferme les écoutilles. On n'entend plus parler de moi. Je préviens ma maison de disques, je vais voir le nouveau président : « A partir de maintenant, je vais produire deux, trois trucs pour le plaisir, pour rencontrer d'autres artistes, d'autres univers… Et vous, vous n'avez qu'un seul travail à faire : assainir mon image partout où vous sentez que c'est nécessaire. Simplement ça, mais faites-le vraiment, même si ça dure trois ans ! Parce qu'il y a quand même quelque chose de pas normal dans tout ça… Quand je serai prêt, je vous donnerai un album. Mais je ne vous le donnerai que si mon image est rétablie, parce que je ne proposerai plus un disque dans ce climat-là. Il y a des gens très influents qui ont visiblement accumulé beaucoup de rancœur et d'animosité, souvent sans me connaître. Je veux les rencontrer, parler avec eux… Je veux savoir pourquoi. »

Un vrai discours stratégique…

J'avais pris du recul. J'étais allé tourner *Le Jaguar*, de Francis Veber, au fond de la jungle… Tu connais l'histoire ? Je joue un *businessman* ruiné par le poker, qui se retrouve envoûté par un sorcier indien et qui va faire un voyage initiatique… Moi aussi, je suis revenu du tournage transformé ! *(Il rit.)* En tout cas plus serein.

Tu l'as tenue ta stratégie ?

Je n'avais pas le choix. J'étais à la fois en instinct de survie et comme un joueur d'échecs. Il fallait tout arrêter. Faire le dos rond. J'ai dit autre chose au P-DG : « Pendant ces trois ans, vous ne m'appellerez que pour faire des interventions artistiques à la télévision. Avec une guitare, un piano, chanter… Rien d'autre. »

Tu acceptais l'idée qu'on t'avait trop vu…

Pas le choix. Plus le choix.

En 95, tu t'étais exposé en annulant tes concerts dans les villes FN…

J'avais fait ce que je voulais et devais faire, mais j'avais été très seul dans cette démarche…

Ton *live* s'était déjà cassé la gueule au moment de ces élections ?

Juste après.

Et ça s'est joué aussi là ? En brouillant définitivement ton image ?

Aussi. Peut-être.

« Qu'est-ce que c'est que ce chanteur qui ne veut pas chanter et qui trouve que le peuple a tort !... »

...

Je ne dis pas que tu as eu tort, toi, de réagir, mais...

Non, c'est intéressant ! Je n'ai pas dit aussi directement : « Le peuple a tort. » Mais c'est vrai que mon sentiment était mitigé. Le taux d'abstention était très important et, en effet, j'en voulais presque plus à ceux qui avaient laissé faire qu'à ceux qui avaient voté.

Tu dis que tu as été isolé...

Je m'attendais à une plus grande réaction de solidarité de la part des autres artistes, des intellectuels, de la presse de gauche... Higelin aussi était programmé à Orange. Je me souviens de l'avoir eu au téléphone plusieurs fois dans la journée. Il hésitait. Il me disait que la « résistance », c'était peut-être d'y aller justement. Et moi : « La Résistance, elle s'est faite à Londres, pas à Vichy ! Si je dois aller dans les villes FN, OK dans l'arène, pour un débat politique. Mais pas chanter comme si de rien n'était devant les élus du Front ! » Pour ne pas pénaliser ceux qui voulaient venir, je suis allé juste à côté : à La Seyne-sur-Mer, à un kilomètre de Toulon, à Vaison-la-Romaine, à vingt kilomètres d'Orange, et à Marseille, à vingt kilomètres de Marignane...

Et Higelin ?

Il a décidé d'y aller. Dommage parce qu'avec lui, je me serais senti tellement plus fort... Il a beaucoup compté pour moi, Higelin.

Cette solitude a pesé ?

C'est drôle : « Si la solitude te pèse... », c'est dans une chanson d'Higelin, que j'ai chantée avec lui... Oui, elle s'est rajoutée à tout ce que je vivais. En revanche, quand Le Pen m'a insulté, j'ai eu pas mal de témoignages sympas...

Tu intervenais politiquement alors que ta carrière de chanteur battait de l'aile... Pour être crédible politiquement, il faut d'abord réussir dans son propre domaine...

Même si mon album marchait moins bien que le précédent, la tournée était un triomphe, les salles étaient bourrées à craquer !

...

Mais tu as raison !

Tu sortais de ton métier...

On ne m'accordait plus ce crédit, en tout cas !

Tu l'as tenu, ton vœu de silence politique ?

J'ai surtout fait autre chose. J'ai tourné des films importants pour moi. Je me suis recentré. J'ai ressorti un album en prenant mon temps. J'ai retrouvé ce que j'étais, et je me suis méfié du bruit et de la lumière.

J'ai repris la parole en 2002, parce que ça me paraissait utile, quand Le Pen est arrivé au second tour de la présidentielle. Arlette Chabot m'a appelé pour intervenir à la télé entre les deux tours. Là, j'y suis allé.

Et entre-temps, tu es devenu adulte. Apaisé, et presque père…

Entre-temps, Johnny m'offre en septembre 98 le Stade de France à ses côtés. 80 000 personnes, les médias et tout le métier vont me dire : « On est là, on t'attend. » Ces quatre soirées resteront inoubliables. La confiance de Johnny, qui a toujours été là dans les moments importants, venait de réveiller la mienne. Ça a été un booster pour finir au plus vite l'album *Juste avant…* C'était en 99. Le nom de l'album, c'était la référence à l'an 2000, mais aussi quelque chose de plus profond. Politiquement, j'avais ce sentiment qu'on était à une bascule, qu'il allait arriver quelque chose – je ne savais pas quoi… Comme si j'avais eu une espèce de pressentiment, avant la deuxième Intifada, le 11 Septembre, le 21 avril 2002… Il y avait aussi une dimension personnelle ; ma vie aussi allait changer… En tout cas, l'album a touché le public. Ça été un triomphe aussi inattendu qu'agréable. Le succès étant réparateur et rassurant, j'ai dû paraître plus serein et donc plus adulte : à 40 ans, il était temps !

Les gens t'acceptaient de nouveau…

Le public ne m'avait jamais rejeté !

Ton album suivant, *Entre deux*, a remis les années 30 à la mode... Un album presque patriote, qui est sorti au moment où la France doutait !

C'est une coïncidence troublante : l'élection de 2002, celle de Le Pen au second tour, a percuté la sortie d'un album hommage aux chansons des années 30, joyaux de notre patrimoine. Je l'avais conçu en décembre 2001, mais le 22 avril 2002...

En plein coup de tonnerre...

... Le lendemain du cataclysme... je devais présenter l'album au musée des Arts forains. C'est très joli, cet endroit. Les médias, la maison de disques, les copains étaient là. Petite scène, formation réduite, ambiance club de jazz, je devais chanter cinq ou six chansons. Mais j'étais tellement mal depuis la veille. J'avais à peine dormi. La politique revenait en cauchemar... Où allait mon pays ?

Et tu as fait un discours ?

Non, mais normalement, je devais commencer par « Mon amant de Saint-Jean », une valse d'amour... J'ai tout changé. J'ai fait éteindre les lumières et j'ai ouvert avec « Le Temps des cerises », dans le noir, a capella. Pour une présentation à la presse, on pouvait faire plus gai. Mais au moins, ça avait un sens.

C'était en hommage à la Commune ?

Pour moi, il n'y avait pas de chant plus républicain que « Le Temps des cerises », à ce moment-là en tout cas. Et la soirée est devenue autre chose qu'un simple lancement d'album. Je ne maîtrisais pas encore tous mes enchaînements – tout ce qui fait vivre un album quand tu le chantes sur scène, pour que ce soit autre chose qu'une suite de chansons... Je les ai trouvés ce soir-là. Je me suis mis à parler de la France...

Comment ?

La France qu'on chante ce soir, la France de cette époque, si vivante, qui s'exporte si bien... Et puis cette France qui est en plein doute, entre 30 et 36, qui va subir les assauts de la crise... Puis cette France du Front populaire qui va savoir se lever pour les valeurs de la République...

C'était de circonstance... « Mon amant de Saint-Jean », pourtant, c'est une romance de l'Occupation ?

Lucienne Delyle la chante sous l'Occupation, c'est la chanson du *Dernier Métro*, mais je crois qu'elle est écrite avant... en 38 !

Qu'importe si Patrick repasse l'histoire au tamis de ses rêves, et si je reste persuadé que « Mon amant de Saint-Jean » est une sublime rengaine de l'Occupation... Pas le sujet, mon pote, mais ce qui le porte... Bruel au front contre Le Pen. On est passé de la souffrance de l'artiste privé de lui-même, à cet invariant du bonhomme : s'engager, ou parler, dire ce que l'on pense, puisqu'on est fabriqué ainsi, puisqu'on a été biberonné, enfant, à la parole libre et à tous les débats. Changement de sujet, ou bien c'est le même. Quand on le méconnaît, Bruel souffre, de manière paroxystique et sincèrement surjouée. Mais sa souffrance est aussi forte quand le monde extérieur bascule, quand les haines montent, quand la République s'égare... Il est dans le mélange compliqué de l'appétit de vivre et de la mécontemporanéité, entre le désabusé et l'enfant préservé... Tout ça nous fait des adultes écorchés mais honnêtes. Il ne fallait rien piger au mec pour s'imaginer qu'il se faisait plaisir ou de la pub, quand il sortait, quand il sort de son succès, pour cogner les méchants ou dire son droit. Ensuite, on peut s'interroger sur la vanité de ces engagements, quand des privilégiés qui ne se vivent pas comme tels viennent engueuler le peuple. « Ce n'est pas parce qu'on a un peu de bien qu'on n'a pas le droit d'avoir une pensée honnête », écrivait Louis Guilloux. Vieux débat. Vieux débats.

L'antifascisme proclamé, les manifs, les symboles, ça n'a jamais marché contre le FN... Je travaillais à un bouquin sur le Front et ma femme était à SOS Racisme un peu plus tard... On avait des disputes réelles mais pratiques : qu'est-ce qui le fait reculer, Le Pen ? Les annulations de concert, rétrospectivement...

Ce qui fait reculer l'extrême droite, c'est de lui faire perdre sa crédibilité en la ramenant à ce qu'elle est vraiment, en démontant ses processus et en éclairant les gens sur ses dangers et ses mensonges. Pas en insultant Le Pen ni ceux qui ont voté pour lui... ou elle.

Tu vois une différence entre Le Pen Marine ou Jean-Marie ?

Aucune. Médiatiquement, elle est moins dans la provoc. Mais sur le fond, politiquement, c'est la même chose.

2002 t'a réveillé publiquement, politiquement...

Je l'avais senti venir...

Tu sentais que Jospin dévissait ?

Le 18 avril, trois jours avant le premier tour, j'organise une fête pour l'anniversaire d'Amanda : un petit restaurant à Montmartre, place du Tertre, une guinguette sympa, j'ai invité 60-70 personnes, tous ses amis, sa famille, mes potes ! Et je passe le dîner entier à aller de table en table et à dire : « Il faut voter Jospin, dimanche ! » Et personne n'avait l'air de comprendre. Les uns voulaient résolument voter Chirac, les autres, de gauche, n'avaient pas l'air de savoir qu'il y avait une élection… Et moi, j'insistais. « Le Pen va être au second tour, il faut voter Jospin au premier tour pour l'empêcher ! Bloquer l'extrême droite ! » On me prenait pour un fou, j'argumentais : « Pourquoi ? Jospin a fait une campagne catastrophique, il est crédité de 18 % ; Le Pen est à 14 %, mais rajoutez 2 % de gens qui n'avouent pas qu'ils votent pour lui. Comme Jospin va encore baisser, tu es à 16-16… La différence, c'est toi avec ton vote ! »

J'essaie d'imaginer la scène, elle paraît surréaliste, plausible, vraie, et Patrick montant sur ses grands chevaux au milieu de ses potes, qui eux n'ont pas tous eu de beau-père communiste, et leur pourrissant une soirée qu'il a montée lui-même, preneur de tête dans le printemps 2002 encore insouciant…

Pas mal vu ..

J'ai recommencé le lendemain avec Henri Weber, dirigeant socialiste, et Fabienne Servan-Schreiber. J'étais de plus en plus inquiet :

« Personne ne voit qu'on va dans le mur ! Le Pen va être au deuxième tour !

— Mais qu'est-ce que tu racontes ? C'est impossible ! »

Ils en parlent encore aujourd'hui.

On connaît la suite, et Bruel peut se dire qu'il l'avait senti venir, expert en catastrophes. Quand il s'échauffe, il défend Jospin, l'homme d'Etat, qui s'est pris une injuste colère du peuple dans la figure, et je veux bien n'y voir que de la politique, je n'y crois pas. Ça crée des liens, sans doute, d'avoir subi la disgrâce, quand on pense n'avoir rien fait pour mériter cela. Ma lecture vaut ce qu'elle vaut : mais à un moment de notre relation, tant il en parle, j'ai l'impression que l'injustice des années 90 est la période clé de la vie de Patrick, celle qui l'a brisé et remodelé. Je m'imprègne de cette idée, qu'il est pour toujours ce trentenaire adoré et soudain méconnu, la chute et la catharsis. Je reviens dessus alors, et sans doute trop.

Ces critiques, ces incompréhensions, ça bousillait ta vie ?

Oui.

Même avec ta mère, tes frères, tes amis, ta compagne d'alors...

Ça avait forcément une incidence, mais le cercle proche a toujours été très solide. Même s'ils étaient solidaires, ils essayaient de me protéger, en me poussant à relativiser. J'entends encore Guillaume Kuperfils, copain de fac devenu aujourd'hui mon avocat, me dire : « Tu te pourris la vie en te faisant un monde de trucs tellement moins importants que ce que tu vis. »

Pas faux !

Je pensais à ça, tout à l'heure. J'étais en train de me dire qu'avec toi, en parlant de ça, je suis parti dans un truc très petit garçon. Très écorché. Incapable de tourner la page… Mais en en reparlant dans une heure, ailleurs, avec quelqu'un d'autre, je pourrais avoir un discours contraire, beaucoup plus détaché… C'est très paradoxal, chez moi.

Ça doit être de ma faute, alors, s'il parle de malheurs passés ? Pourquoi pas. Au moment où j'accouche Patrick, je suis assez submergé de tristesses pour induire cela. Je peux lui parler des heures de Valérie, de mes enfants, de mon père malade, d'un amour naissant, et est-ce que la vie est possible ? Peut-être mon état de faiblesse, ces semaines-là, induit Patrick à se laisser aller. Parfois. Parfois seulement. Mais le bonhomme peut aussi être solaire. Il l'est le plus souvent, en réalité, étonné d'être lui-même et de rencontrer des gens épatants, il raconte son étonnement avec un ton venu de l'enfance. On ne se remet pas d'avoir beaucoup été aimé, jeune, et ce n'est pas seulement Augusta-Nathalie, cette histoire. Patrick a tant été aimé, depuis le début, depuis ses débuts, que la haine ne pouvait que le désarmer, quand elle est venue, vers la trentaine. Quand il revient sur le mal qu'on lui fit, il ne faut pas étalonner Bruel au quinquagénaire blindé d'aujourd'hui, mais à l'enfant roi d'avant, à ce Gontran Bonheur du succès, à qui il suffisait d'apparaître pour que les dieux sourient… Ce potache ébouriffé, guitare sous le bras et rêves plein le cœur, qui se retrouvait jeune héros d'un film-culte à 18 ans… Ça aussi, ça marque. Redevenons joyeux !

Dans ton enfance, entre la musique, la politique, le sport, tu te voyais aussi au cinoche ?

Je me voyais au théâtre. J'ai toujours voulu faire du théâtre... Mais ado, je voulais être chanteur aussi. Je voulais les deux.

Comme tous les grands hommes, tu avais tout anticipé...

J'aimais jouer, être au centre, être numéro 10, être avocat... mais c'est vrai que j'ai ressenti une émotion particulière, au théâtre à 6 ans. On avait été invités à voir *L'Idiot*, à L'Atelier, avec Charles Denner, Philippe Avron, Catherine Sellers...

Dostoïevski à 6 ans...

Il s'est passé quelque chose... En sortant du théâtre, je rentre à la maison, je m'enroule dans un grand drap blanc et je me mets à déclamer les tirades de Rogojine, je joue des scènes devant une famille indulgente mais perplexe, et ça ne s'arrêtera plus... A H4, je joue dans chaque pièce de fin d'année : en sixième *Le Médecin volant*, en cinquième *L'Avare*, en quatrième *Le Bourgeois gentilhomme*... J'aimais jouer et j'aimais qu'on me regarde...

Ça n'a pas changé...

Ça n'a pas changé !

Et c'est devenu réel quand, l'idée de devenir acteur ?

J'avais l'idée en moi, puis le hasard s'en est mêlé... Ça m'est venu par une copine. Une fille que je rencontre au ski en 75. Laurence... Très mignonne, très sympa, et elle me dit qu'elle fait du cinéma. Quand on rentre à Paris, elle m'emmène voir le film dans lequel elle a joué, au Club 13, avenue Hoche. Pour la première fois de ma vie, je voyais une projection privée…

Le film était bien ?

Oui. Un joli téléfilm, une histoire de boulanger. Mais ce qui me renverse, ce jour-là, c'est que le boulanger n'est autre qu'un mec qui était dans ma classe deux ans auparavant !

Et tu l'envies ?

D'un coup, je vois surtout que c'est possible ! « Moi aussi je pourrais faire ça ? Ça a l'air chouette… pas trop compliqué ! »

Tu le dis à ta copine ?

Et elle me propose de l'accompagner à des essais pour un film de Michel Lang ! Après *A nous les petites Anglaises*, il préparait *L'Hôtel de la plage*. Dans le métro, elle me fait lire sa scène, je lui donne la réplique. Elle me dit : « T'es bon ! Tu devrais faire les essais, toi aussi… » On arrive là-bas, un type me donne des feuilles. On me fait passer pour le rôle d'un gars qui s'appelle Cyril…

Et ça passe ?

Ils ont l'air de bien m'aimer. A la fin de l'après-midi, ils me disent : « On vous rappelle. » Et ils me rappellent. Ils me font revenir, chez Gaumont, à Neuilly. Je refais des essais plus poussés, avec le metteur en scène. C'est pas mal, déjà ! J'ai les cheveux très longs, et Lang à un moment donné lance :

« Qu'est-ce que ça donnerait, très courts ? »

Moi, je saute sur l'occasion :

« Je peux les couper si vous voulez !

— Non ! Si vous n'avez pas le rôle, ce serait ridicule... »

Donc on continue les essais toute la journée. Et le soir, il me dit :

« Formidable ! Très juste ! Très juste !... OK, vous vous coupez les cheveux et vous revenez me voir dans trois jours. »

Et tu es allé chez le coiffeur...

Directement ! J'ai surtout ameuté tout Paris, pour proclamer que j'allais jouer dans le nouveau *Petites Anglaises* ! Tous mes copains, mes copines, ma mère, ma famille, le lycée, l'équipe de foot... Et au bout de trois jours, j'appelle pour savoir à quelle heure je dois venir, et on me passe un assistant qui me dit qu'ils sont désolés, mais qu'ils ont trouvé quelqu'un d'autre !

C'est dur ?

Ah oui, ça fait mal ! Mais le pire...

Le pire, c'est que tu as l'air d'un con ! C'est que tu l'as dit à tout le monde !

C'est l'horreur ! Du coup, deux ans après, en terminale, quand je vais tenter le coup avec Arcady, je ne vais en parler à personne...

L'histoire est connue, tu réponds à une petite annonce…

Dans *France-Soir* : « On cherche deux jeunes ayant l'accent. » C'est un copain qui me la montre et me dit :

« Tiens, tu as l'habitude de faire le con avec l'accent pied-noir, ça peut peut-être t'intéresser !

— Non, laisse tomber ! Le cinéma, c'est tous des menteurs… »

Il insiste. Je n'ai pas envie. On est en 78, en pleine Coupe du monde, j'ai juste envie de voir le match du jour. Et il insiste encore :

« Mais je te prête ma mob !

— Ah, dans ce cas… »

Et me voilà sur un 104 Peugeot jusqu'à Montmartre, au 38, rue des Saules, pour me retrouver au milieu de 90 mecs qui parlent tous plus fort les uns que les autres…

Et Patrick a imité l'accent des siens, qu'il n'a pas, qu'il imitait pour faire rire ses potes, qui va le servir…

Tu imitais vraiment souvent l'accent de la famille ?

On n'avait pas trop l'accent dans la famille. Pour trouver mes modèles, je pensais plutôt à des gens que j'avais croisés. J'en accentuais le trait, mais c'était rien à côté du spectacle que j'avais sous les yeux. Cette réalité qu'il allait falloir recomposer pour passer le cap des premiers essais…

Il déroule son histoire, il la connaît tellement, celle de tous les débuts…

Je ne suis pas bien, je reste debout, j'ai envie de me barrer. Mais comme je suis debout quand la porte s'ouvre, on me voit plus que les autres ! Et le frère d'Arcady me fait venir, avec un autre gars. Il me parle de l'Algérie, de son histoire et du coup, de mon histoire… Alors, je raconte des trucs.

Mais tu n'as pas grand-chose sur l'Algérie…

Je sais ce que ma famille m'a raconté ! Et puis je lis une scène… Je ris en lisant, parce que j'ai vraiment l'impression d'entendre parler ma grand-mère. Mort de rire : « Vous avez mis dans le mille, en tout cas ! »… Et je lis, je lis, je lis, et je me marre, et on se marre tous : Arcady, Saint-Hamont, Alain Le Henry, les scénaristes, Diane Kurys, qui était la compagne d'Arcady… Ils étaient vraiment très enthousiastes, très sympas, très marrants.

Et toi avec eux…

Moi, très décontracté, au fond, parce que je m'en foutais ! Je n'y croyais pas !

« C'est super ! On va vous rappeler.

— Bien sûr… Vous voulez quand même mon numéro ? »

Ils ne comprennent pas… Je leur raconte l'histoire de *L'Hôtel de la plage*. Et là, Arcady, ravi :

« C'est une chance, cette histoire ! Si tu es dans *L'Hôtel de la plage*, moi, jamais je t'engage ! Allez, on te rappelle ! Mais on te rappellera quand on aura fait le tour de France, parce qu'on va quand même chercher partout pour ce rôle. »

Je me barre super content, léger. Et quand je rentre à la maison, silence absolu !

Mais là, ils te rappellent...

Ils me rappellent une semaine après, je fais d'autres essais, ils me rappellent encore, d'autres essais, et d'autres essais, et encore d'autres essais. Et puis plus de nouvelles. Et entre-temps il y a le bac. Que je rate d'un point... à l'oral ! L'horreur ! Il faut juste que j'aie 4 en géo, mais je vois que le mec me met 3 ! « Si vous me mettez 4, j'ai le bac ! » Et lui : « Mais justement ! Je vais vous mettre 3 ! » Et c'est 3.

Entre nous, je ne te vois pas rater le bac ?

Ben moi non plus, je ne me voyais pas rater le bac ! Et ma mère encore moins ! Je me suis viandé parce que j'avais pris trop de retard à l'écrit.

Mais pourquoi tu t'es viandé à ce point-là ? Ça ne cadre pas dans le paysage.

Je ne sais pas ! Enfin si, j'ai rien foutu. Je pensais que ça ne serait qu'une formalité, je me suis vu un peu trop beau... Remarque, ça m'a servi de leçon. Par la suite, j'ai rarement laissé les choses au hasard... Je me revois sur le quai du métro, avec mes copains. On est quatre, les trois autres ont le bac, moi je ne l'ai pas. Je traîne la patte derrière. Je sais ce qu'ils se sont dit à ce moment-là : « Il va se jeter sous le métro ! » Je le sais parce que j'ai dû y penser aussi. J'étais désespéré de honte ! Et en plus, l'injustice !... UN point !

J'ai appelé ma mère, je ne me souviens pas qu'elle m'ait engueulé, elle avait dû me sentir tellement mal. Elle m'a juste dit :

« Rentre à la maison. Il y a eu un coup de téléphone.

— De qui ? »

J'espérais que ce soit Arcady.

« Le Club Méditerranée ! »

J'avais passé une audition quelques semaines auparavant, et là ils m'annonçaient que je devais partir mi-juillet à Cancún, comme chanteur-animateur... Ça ne remplaçait pas le bac, mais bon...

Mais tu voulais vraiment faire GO ?

J'étais déjà parti l'année d'avant au Club, au pair...

C'est-à-dire qu'ils te nourrissaient, ils te logeaient, mais ils ne te payaient pas.

C'est ça. Mais là, je voulais être engagé vraiment, avec salaire... J'avais eu rendez-vous au siège du Club, place de la Bourse, avec un mec qui s'appelait Tony, responsable des orchestres et des chanteurs. J'étais arrivé dans son bureau, avec ma guitare. Et lui, avec son accent marseillais : « Bonjour, Tony Canal, premier trompette de Dassin. Tut !... Tut ! *(Il imite le son de la trompette.)* C'est simple, tu chantes : si les gens sortent des bureaux pour venir écouter, tu es pris. S'ils ne sortent pas, tu rentres chez ta mère ! »

Tu as chanté quoi ?

Une chanson de Nicolas Peyrac... Personne ne bouge ! Une deuxième de Cat Stevens... Idem ! J'étais pas bien. Il me restait une dernière chance, fallait pas se louper, sortir la botte secrète... « Amsterdam » de Brel... Ouf ! tout le monde rapplique. Applaudissements. Tony : « Oh, présence ! Grande présence !... Chanteur pique-nique, Cancún, Mexique, ça te va ? »

Ça t'allait ?

A ton avis ? Je signe le 10 juillet 78. Je dois partir au Mexique le 18. Je passe une semaine à préparer mon voyage. Les partitions, les chansons.. Je dis à tout le monde que je vais être GO, que je vais travailler. Je dis à ma mère : « Tu vois, je t'avais dit que tu ne paierais plus mes vacances… » La vie est belle ! Ma mère part en vacances le 16, donc je suis tout seul et je vais dormir chez ma grand-mère… Le 17 au soir, je repasse chez moi pour récupérer quelques affaires. J'allais refermer la porte quand le téléphone sonne. Hasard ou coïncidence ? A l'époque, il n'y avait pas de répondeur… Donc cinq minutes plus tard…

Cinq minutes plus tard, Patrick aurait eu une autre vie, quand même saltimbanque et boulimique, on parie ? Juste une autre, mais la même ? Il revit son dialogue fondateur de l'été 78, trente-deux ans après…

« Allô, c'est Alexandre Arcady, ça y est, on a fait le tour de France. Tu vas bien ?

— Oui, super bien !

— Qu'est-ce que tu fais ?

— Je pars au Mexique demain matin.

— Au Mexique ?

— Au Club Med, à Cancún, pour six mois. Je vais faire la saison…

— Ah, mais il y a un problème ! Parce que c'est toi qui fais mon film !

— Mais non, je pars au Mexique !

— Mais tu fais mon film !

— Ben, je fais ton film après. Vous ne m'avez pas donné de nouvelles pendant un mois ! Moi ça y est, je fais autre chose, je pars au Mexique.

— Il faut qu'on se voie !

— Oui, mais je pars au Mexique.

— Il faut qu'on se voie très vite. Tu pars quand ?

— Demain à midi.

— On se voit tout de suite !

— Non, je vais chez ma grand-mère !

— C'est où ?

— Porte de Vanves.

— Bon, arrête de déconner. Rendez-vous Champs-Elysées, restaurant Le Paris, dans une heure.

— Mais je ne décon... »

Il avait raccroché. Et me voilà sur les Champs avec mes valises ! Mes valises, ma guitare, mes partitions... Arcady était en retard. En l'attendant, je notais l'ordre de mes chansons pour mes « pique-niques ».

En partant six mois comme ça, après avoir raté le bac, tu bousillais tes études.

Je n'avais aucune intention de retourner au lycée ! J'en avais plus rien à foutre de rien, je voulais être chanteur. J'avais dit à ma mère : « Le bac, de toute façon, je l'aurai un jour. » J'étais trop orgueilleux pour en rester là. « Mais bac ou pas bac, je veux être chanteur ! »

Et Arcady voulait que tu sois acteur...

La discussion a été chaude quand il a fini par arriver avec son équipe. Je voulais bien faire du cinéma, mais chanter au Club, je ne pouvais pas rater ça... Lui, atterré, me disait : « OK ! J'ai travaillé au Club suffisamment longtemps pour leur téléphoner et leur dire que tu partiras après le tournage. » J'ai refusé : « Le film, ce n'est pas grave. Vous allez bien trouver quelqu'un… Vous avez fait le tour de France ! »

Et finalement, tu as bougé…

Une phrase m'a fait bouger : « Remarque, je comprends que tu préfères le Mexique, le soleil, les nanas, les chansons… Mais quand le film sortira au mois d'avril, qu'on le présentera chez Drucker et que tu seras sur ton lit comme un con, avec ton sombrero et ta guitare, à nous regarder, tu vas l'adorer, le Mexique ! »

Et c'était juste !

« OK ! Je vais faire le film. » Il a appelé le Club et le Club a accepté que je parte plus tard. J'ai fini le tournage en novembre et je suis parti. Quatre mois de rêve. Cancún où je reviendrais avec mes deux complices de toujours, Hervé Taïeb et Félix Gray, pour fêter le passage à l'an 2000, chantant ensemble, sur cette même scène du Club Med le « Let the Sun Shine in » de Hair, affublés de costumes de l'époque hippie… Tu vois le tableau ? Mais je m'égare… Retour à l'année 79, je suis rentré en mars et j'ai décidé de repasser le bac en candidat libre. Je l'ai eu.

Et entre-temps *Le Coup de sirocco* est sorti.

Quand je passe le bac, les gens l'ont vu, beaucoup de gens : il a très bien marché… Plein d'étudiants, de lycéens. Et notamment le type assis devant moi à l'épreuve de maths. Il me fait :

« Putain, j'ai vu le film ! Ma mère, elle t'adore !

— Ah oui ? Ma mère aussi, elle m'adore ! Elle aimerait bien que j'aie le bac ! Et en maths je vaux rien…

— Mais moi je suis très fort, en maths ! Il n'y a pas de problème ! Très très fort ! Je suis juste devant toi, t'as qu'à regarder un peu… »

Tu le fais parler comme Timsit, le mec !

Oui, c'était le même genre ! Avec des lunettes, en plus !… Mytho ou pas ? De toute façon, je n'avais pas le choix, vu mon niveau. Il s'est poussé légèrement sur le côté et j'ai regardé… beaucoup ! Au bout de deux heures, il s'est levé, a rendu sa copie et il est parti. Il me restait une heure à rien faire, juste le temps de réfléchir et de ne pas rendre la courbe de la fonction…

T'avais pas pu la voir ?

Si ! Je l'avais vue et recopiée, mais je ne l'ai pas rendue. Instinct. Je me suis dit : « Le mec, s'il est si fort, il peut avoir 20 ! Et si j'ai 20 aussi, je suis mort. Deux 20 l'un derrière l'autre, il y a enquête… » La courbe de la fonction valait 6 points… J'ai eu 14. Oups ! Gros instinct de survie…

Stratège…

Survie ! Mais à l'arrivée, je l'aurais eu quand même, sans la mention, mais je l'aurais eu quand même : 17 en anglais, 14 en philo, 13 en éco ! Je n'ai pas pu aller voir les résultats, j'étais déjà sur le tournage d'un autre film, pour un mois, dans le Sud. C'est ma mère qui y est allée, un peu tendue parce qu'elle savait qu'à cause du film, je ne pouvais pas rentrer pour passer le rattrapage…

J'avais le bac du premier coup, ou j'y renonçais ! Elle m'a appelé aussitôt :

« Bravo ! Mention Bien ! »

Et elle ajoute juste :

« 14 en maths ?...

— Euh... on m'appelle sur le plateau. Je t'embrasse ! »

Je m'en foutais ! J'avais le bac !

Même sensation, en l'écoutant, que dans l'arnaque de Maître Kanter, d'une jubilation de loustic chez ce quinqua, plus présente chez lui que chez d'autres contemporains contant leurs 400 coups. Il ne raconte pas son épopée coquine, Bruel, il est encore dedans, et on finit par se demander s'il ne vit pas ses succès comme son bac il y a 31 ans...

Donc, en 79, ça y est, tu es lancé comme acteur ? Tu n'as plus de problème d'argent ?

Je n'ai pas gagné grand-chose sur *Le Coup de sirocco*. Mais pas grand-chose par rapport à rien, c'est pas mal... En plus, ils ne s'attendaient tellement pas à ce succès qu'ils m'ont intéressé aux entrées. Du coup, ça va m'aider à tenir à New York, à partir de septembre 79...

Tu ne vas pas en fac ?

Je suis inscrit à Tolbiac en sciences éco, ce qui m'a assez vite ennuyé : trop de stats, trop de maths... Et à Censier en double cursus anglais-espagnol, et en cinéma.

Tu faisais quoi, à New York ?

J'étais allé rejoindre ma copine brésilienne, Patricia. Je l'avais connue à 17 ans, elle en avait 15.

C'est une histoire qu'il raconte en longueur et en jubilation, et il faut respecter. C'est sa première histoire, sa première « vraie » histoire – et Patrick le séducteur-séduit-idole des femmes, on sait, n'en n'a pas eu tant, qui ont vraiment compté. Donc Patricia.

Un après-midi, chez Marion, on était un petit groupe, je chantais avec ma guitare ; on a sonné à la porte, j'ai continué ma chanson, et là elle est entrée, a écouté, sorti sa guitare et s'est mise à m'accompagner. Elle a attaqué Vinicius, Chico Buarque, Ton Jobim. Une jolie voix et des yeux !... Elle m'a appris quelques accords pour qu'on joue ensemble. Elle m'a fait découvrir cet univers incroyable... magique... Je passais des après-midi chez elle à faire de la musique. On ne se quittait pas, mais on était juste amis. Puis sa mère, diplomate, a été mutée à New York. Elle allait partir. Elle a donné une fête pour son départ, j'ai chanté... On a chanté toute la nuit... Et au moment de se dire au revoir, sur le palier, on est tombé dans les bras l'un de l'autre, scotchés... Quinze jours plus tard, j'étais à New York. *Love story* sous le contrôle et l'œil très inquiet de sa mère. Trois semaines de rêve, mais la fac va commencer. Retour Paris. Et là, dur dur. Je ne pense qu'à elle...

Donc tu y retournes...

C'était obligé. Un soir, poker chez un copain. Un des joueurs travaille chez Nouvelles Frontières. J'arrive avec mon sac de voyage.

« Tu vas où comme ça ?

— On en parle à la fin de la partie. »

À 6 heures du matin, je suis gagnant :

« Garde ton chèque et donne-moi un billet d'avion pour New York.

— Tu n'as pas gagné assez pour New York...

— Bien sûr que si puisque tu vas me faire passer par où tu voudras, je m'en fous ! »

Et tu as fait bon voyage ?

Il m'a concocté un itinéraire de « ouf » Paris-Luxembourg-Rejkjavik-New York. A 7 heures du matin, je prenais le train pour le Luxembourg, puis 22 heures d'avion !... J'arrive à New York, je téléphone d'une cabine...

« Bonsoir...

— T'es où ?

— A Paris.

— Pourtant ta voix est proche... »

Malgré l'écharpe autour du combiné...

« Bon allez, 38e et 1re, viens me chercher, je caille ! »

Christophe Lambert appelant Deneuve dans *Paroles et Musique* !

Oui, mais le film, c'est huit ans plus tard ! J'ai même cru que quelqu'un leur avait raconté mon histoire... Bref, Patricia arrive en bagnole...

Elle conduisait ?

Only in America ! En Amérique, tu conduis à 16 ans ! Elle m'emmène chez elle, et là sa mère craque. Elle m'explique que ça suffit ! Que je suis « oune bohème », et que sa fille ne peut pas être avec un type comme moi. Mais bien sûr, elle m'adore, je suis fantastique, tellement sympathique… Mais je ne peux pas être avec sa fille.

Les grandes familles…

J'ai essayé de plaider, que c'était à sa fille de décider… Réponse : « Dans nos familles, ce n'est pas la fille qui décide, surtout si elle n'a pas l'âge de décider. » Bref, j'ai passé la nuit dans le salon, j'ai mal dormi et, le matin, j'étais sur le trottoir, dans le froid de novembre à New York. Et Patricia qui ne pouvait rien faire…

Donc, revoir Paris ?

C'est ce que je me dis. Mais j'appelle quand même mon copain de Nouvelles Frontières : « Bon, c'est la merde ! Je suis à la rue, là. T'as pas quelqu'un qui pourrait me loger ? Sinon je rentre tout de suite… » Et là, il me sauve la mise : « Attends ! J'ai un copain à New York, Philippe Bénichou, il est français, appelle-le ! » Je me retrouve à appeler ce Philippe, apprenti comédien, qui m'invite à venir chez lui, et avec qui on va parler sans s'arrêter pendant des heures. Un mec incroyable, on a les mêmes passions, la même vision du métier, on aime les mêmes films ! En plus, on est nés au même endroit, à Tlemcen ! Il vit avec son frère, Pascal, qui lui veut devenir danseur. Destin inouï : il a commencé la danse à 18 ans et il finira soliste au Chicago Ballet ! Je me retrouve logé chez les frangins Bénichou, et je me réveille le matin avec Pascal qui fait la toupie dans le salon… Philippe va devenir mon meilleur ami, même si aujourd'hui je ne le vois plus assez. Je vais rester avec les Bénichou jusqu'en mars

80. Puis je reviendrai, je ferai des allers-retours, tout en passant mes exams.

Et ta fiancée brésilienne ?

Galère. Elle ne peut pas aller contre sa mère, donc ça ne se passe pas génialement… Mais on se reverra plus tard, quand elle m'appellera, le jour de ses 18 ans, pour qu'on se retrouve à Cadaqués… L'histoire est belle et longue.

« Où sont tous mes amants », chantait l'immense Fréhel… L'épopée Patricia témoigne du Patrick Bruel d'alors, qui changeait le plomb en or, la galère en aventure, une peine de cœur en une joie d'amitié… Pas seulement la magie de la jeunesse, mais quelque chose en lui, le don du rebond, jamais vaincu, la vie à dévorer et elle est toujours bonne. Un dernier mot encore sur New York, la ville-étoile, où il vérifiera son talent, où il rencontrera son complice des premières chansons, Gérard Presgurvic, et où il croisera un vieux maître de l'art dramatique : un père de substitution, encore un.

En 80, je vais passer presque un an à New York. Philippe Bénichou suit des cours d'art dramatique au HB Studio. C'est là qu'ont été formés beaucoup de grands, les Pacino, De Niro, Brando, avant qu'ils n'aillent à l'Actors Studio. Il y a un vieux prof de 75 ans, Herbert Berghof, et sa femme Uta Hagen, qui assurent un cours remarquable…

Remarquable en quoi ?

Méthode Stanislavski : l'école du vécu, le travail sensoriel. Faire ressortir les émotions que tu as en toi. C'est un peu l'opposé de la méthode de la Royal Shakespeare Company, celle de l'émotion inventée... Tu connais l'anecdote célébrissime de *Marathon Man*...

Non...

Tu as face à face Dustin Hoffman, pur produit de la méthode sensorielle, et le shakespearien Laurence Olivier... A un moment, juste avant le tournage d'une scène, Hoffman réclame un moment et il se met à courir comme un dératé, jusqu'à être en nage, et là seulement, il est prêt à jouer... Après la scène, Laurence Olivier le regarde et lui dit : « *Why don't you just act ?* » Et, regardant Hoffman, immobile, il se met à transpirer à grosses gouttes.

Tu sais transpirer sur commande ?

A priori non, mais j'imagine qu'il y a des manières d'y arriver.

Et pleurer ?

Oui, mais les larmes ne sont pas forcément une preuve de talent, contrairement à ce que beaucoup pensent ! La difficulté, c'est de faire pleurer le spectateur...

Et comment fais-tu pour pleurer ?

Il y a la technique Olivier, que... je ne connais pas ! Et le travail sensoriel. Tu vas chercher au plus profond de tes émotions. Tu finis par avoir un certain nombre de codes, de mots de passe entre ton corps et toi.

Tu penses à quoi ?

A des choses forcément douloureuses.

Par exemple ?

Tu imagines… Tu te souviens, ou tu te projettes. C'est parfois très dur mais il faut aussi apprendre à contrôler ça. Parce que au cinéma, il n'y a pas qu'une seule prise. Il faut savoir doser en donnant tout chaque fois. La scène où je perds ma femme dans *L'Union sacrée*, on la tourne douze fois… Les deux meilleures, c'est la deux et la douze. Pas la première, où j'ai trop donné, où l'émotion était trop fraîche, trop chargée…

« Tu imagines », le dit Patrick, et effectivement, je l'imagine ; et relisant cela, des semaines après cet échange, je me demande pourquoi j'insistais sur ses trucs lacrymaux, moi qui peux pleurer sur un son, une photo, une idée, une résonance, sans raison autre que l'évidence que les larmes sont là…

Et à New York, donc, tu t'intègres à cette classe de théâtre ?

J'y assiste plusieurs fois et un jour, ils me demandent de passer une scène. Et nous jouons du Pagnol, Philippe et moi : la grande scène entre César et Marius.

En anglais ?

En français ! Berghof nous l'a demandé, et c'est là tout son génie… Moi, je n'avais pris qu'un cours dans ma vie, à Paris, une demi-heure ! Ça m'avait profondément ennuyé, j'étais parti.

Pourquoi ?

Le regard que les autres apprentis acteurs portaient sur le type qui était sur scène ne m'intéressait pas. Je n'avais pas envie d'être ce mec-là, devant ces élèves-là. Je trouvais ça faux, froid, pas engageant. A New York, j'ai ressenti l'inverse. Le travail, la précision de chaque geste, de chaque détail…

Par exemple ?

Berghof nous avait demandé de commenter une scène improvisée très simple : un homme qui rentrait chez lui… « Rien ne vous a choqué ? » J'avais réfléchi.

« Rien. Ce qu'il fait me paraît juste.

— Vous êtes sûr ? Vous trouvez normal qu'un homme qui rentre chez lui cherche l'interrupteur ? Non, il rentre chez LUI, il sait où est l'interrupteur ! S'il ne le trouve pas d'instinct, c'est qu'il n'est pas chez lui, et donc je le vois jouer. »

Tu es donc resté ?

Berghof me l'a proposé. Il voulait m'accueillir dans sa prestigieuse classe libre, gratuite… J'étais plus que touché. Mais j'étais attendu à Paris pour une audition : *Le Charimari*, de Pierrette Bruno, qui croyait en moi. Je le lui ai expliqué : « Il y a quelqu'un qui a écrit une pièce, et qui m'a fait travailler beaucoup pour que, justement, je ne sois pas désavantagé par rapport à tous ceux qui prennent des cours. Si je ne réussis pas cette audition, je reviens travailler avec vous, bien sûr. Et si je réussis, j'apprendrai mon métier sur le tas. » Et là, il me regarde et me dit : « *So we'll never meet again ! Good luck !* »

Tu ne l'as jamais revu ?

Non. Il est mort en 90.

So we'll never meet again !

Il était sûr que j'aurais l'audition ! Je suis rentré à Paris avec un peu plus de confiance…

Et tu l'as eu, ton rôle ?

Oui, après trois jours d'audition au milieu de tous les jeunes du Conservatoire et de la Rue Blanche. Mais je connaissais tellement le rôle… Pierrette, je l'avais rencontrée grâce à une femme extraordinaire : Margot Capelier. Une juive d'Europe centrale, à la vie insensée. Elle avait inventé le métier de directrice de casting. Elle m'aimait bien, je l'avais aidée, un an plus tôt, à retrouver son chemin dans les couloirs du Palais du Festival de Cannes, sans savoir qui elle était. Elle m'avait lancé : « Vous êtes comédien ? » Elle avait déjà 70 ans, une voix gouailleuse, à la Arletty… « Je sais pas si vous avez du talent, mais vous êtes gentil ! Appelez-moi à Paris ! » Je l'ai revue un mois plus tard, dans son bureau. Elle m'a fait passer un casting de pub pour Woolmark où il fallait caresser une moquette avec sensualité : tout un programme ! Le lendemain, elle me fait revenir : « Tu leur as plu, c'est toi ! » Et là, je lui dis que finalement… je ne veux pas faire de pub, je ne suis pas assez connu, les gens vont m'assimiler au produit et je vais traîner ça tout le temps. « T'es un vrai dingue ! » Je pensais ma carrière terminée quand elle me rattrape dans le couloir : « En tout cas, t'as du caractère !… Le théâtre, ça t'intéresse ? » Et elle m'a envoyé voir Pierrette Bruno, qui avait été la partenaire de Bourvil et qui cherchait pour sa pièce deux jeunes avec… du « caractère » !

Et elle aussi t'a adopté ?

Elle m'a fait confiance. Elle, elle me voyait en jeune premier, le rôle principal... Elle me fait lire la pièce, c'était vraiment marrant, surtout l'autre rôle, moins important mais tellement drôle :

« Euh... Et Martin ? Il est pas mal aussi !

— Oui, mais c'est un petit rôle. Vous n'auriez pas, d'ailleurs, un copain un peu gros, un peu moche, un peu marrant ?

— Il faut être gros et moche pour être marrant ? »

Je n'ai pas eu à lui forcer la main longtemps, j'ai lu le rôle, elle a ri aux éclats. J'ai passé l'audition pour Martin. Et c'est comme ça que j'ai joué 480 fois – deux saisons – *Le Charimari*.

New York – Paris, au temps de tous les possibles, quand il suffisait à Patrick d'apparaître. Les débuts sont si jolis, on pourrait y rester toujours, mais on deviendrait des vieux cons, à toujours revisiter nos temps les plus frais. Juste un peu alors ? Ces années-là, tout commence à la fois, et il est au théâtre, et il va chanter, et tout est possible, et le monde se plie aux enchantements et aux caprices du jeune dieu. On a parlé du théâtre et de ce début-là au commencement de l'automne 2010, quand Patrick s'éclate au théâtre, justement, dans ce boulevard intello, Le Prénom. *Il s'éclate et mène la danse, et le public qui ne vient que pour lui vient aussi pour la pièce – Patrick, le provoc de la famille, fait une bad joke sur le futur prénom de son enfant, les bobos commencent à s'étriper... Bref (même s'il chougne parfois, que ses nuits sont épuisantes et qu'il ne dîne plus avec ses enfants, et qu'il a du mal avec les contraintes d'un engagement quotidien), Patrick est heureux sur les planches, et porté par les rires…*

C'est tellement bon de faire rire. Quand c'est bien fait, ça paraît tellement facile que les autres n'y voient aucun effort et, au fond, c'est tant mieux ! Je me souviens de cette phrase d'un critique illustre de l'époque, sortant en joie de la première de *Jean de la Lune* de Marcel Achard et écrivant le lendemain : « C'est un chef-d'œuvre mais vous rirez ! »

Pagnol en a fait un film dans les années trente, porté par Fernandel, sur l'amusante malédiction du comique qui voudrait être tragédien. Patrick n'est pas le Schpountz, c'est juste la vie et ses hasards qui l'ont fait rebondir autrement, et son vrai karma, de ne pas explorer une seule voie jusqu'au bout…

Finalement, tu es devenu comédien sans prendre de cours.

J'ai appris en jouant, sur le tas comme on dit, au théâtre, au cinéma, en voyant des films, beaucoup de films… Et puis, *Le Coup de sirocco*, c'était un vrai rôle de composition pour moi, j'en suis encore plus fier aujourd'hui. Je jouais tout de même un garçon introverti, timide, pas très bien dans sa peau, alors que dans la vie, j'étais plutôt un meneur, un déconneur.

De là à te passer totalement de cours, c'est rare…

Mais le métier d'acteur, on l'apprend à chaque instant. En observant, en étudiant le comportement des autres, et le sien, en apprenant à se regarder sur un écran, à s'accepter… Seul, ce n'est pas facile, mais tout le monde n'a pas la chance de croiser Lee Strasberg[1]. OK, je ne suis pas resté à NY, mais une salle pleine tous les soirs, qui réagit à chacune de tes répliques, ça vaut tous les cours du monde… si tu sais te remettre en question et réinventer le lendemain. Cette impression d'approfondir sans cesse a été mon apprentissage. Et puis, j'ai tout de suite été à l'aise au théâtre. Dès les répétitions du *Charimari*, au théâtre Saint-Georges, je me sentais bien…

A l'aise, cool, peinard…

Trop, même. Trop à l'aise pour les autres… Trois semaines avant la première, tout le monde était en flip complet. C'est vrai que sur scène, je n'avais pas vraiment les codes, je ne respectais pas trop les « règles ». Je n'étais jamais tout à fait dans les bonnes places. Une sorte d'électron libre, j'allais et je venais, ils n'avaient jamais vu ça…

Tu ne connaissais pas ton texte ?

Si, si, je le connaissais… C'est-à-dire que je ne me rendais pas malade pour ça. Il fallait juste attendre que le public me dise si je faisais bonne route ou pas. Mais eux, ils paniquaient.

C'était vraiment chaud ?

Ils voulaient tous me virer ! Pierrette Bruno leur a expliqué calmement que la pièce se ferait avec moi ou ne se ferait pas. Ça a réglé la question. Ton oncle était pour moi, lui aussi, il m'adorait.

1. Fondateur de l'Actors Studio.

C'est un autre hasard qu'on a appris en cours de route, que Félix Ascot, mon oncle, alors directeur du Saint-Georges, figure du théâtre parisien, a eu Patrick sur ses planches, au tout début. Ça rend les choses encore plus évidentes, quand on s'en aperçoit. Puisqu'on parle des planches… L'aisance de Patrick à 20 ans contraste avec ses angoisses d'aujourd'hui. On en est tous là, ne doutant de rien quand tout commence, et doutant de tout et de nous-mêmes quand les billes ont roulé. Mais chez l'ami Bruel, c'est le rapport entre le doute et le succès qui est étonnant. Quand il n'avait rien prouvé, il savait qu'il ferait tout ; quand il a accompli, il n'en sait plus rien. Ou plutôt, il ne sait que si d'autres le lui disent… Un autre jour – on en parlera plus loin, dans ce livre – il me racontera ses quêtes amicales auprès d'autres chanteurs, des demandes de conseil ou d'estime, lui qui n'est jamais sûr de ses textes ou de ses musiques… Comme acteur, il n'a pas de doute, jure-t-il, aucun complexe sur ce qu'il peut donner… N'empêche ? Il me raconte, un jour, que Pierre Arditi est venu le voir jouer, à Edouard-VII, et qu'ils ont parlé de son rôle, et de son jeu, et qu'Arditi lui a dit des choses magnifiques… Et je me demande pourquoi il en a encore besoin, de ça…

Ça te rassure qu'Arditi aime ton jeu ?

On a toujours besoin d'être rassuré, même si, comme acteur, je sais ce que je peux donner… Mais je peux me demander si j'ai toujours les bons rôles. Si je choisis bien, si on me choisit bien… mais je n'ai pas besoin de validation.

Alors, pourquoi Arditi est-il important, quand il vient te parler ?

Parce que c'est forcément agréable d'être salué par ses pairs, surtout quand on a pour eux une immense admiration. Il a toujours porté un regard très aiguisé sur mon travail. Il m'avait dit des choses flatteuses, et surtout très intéressantes, à la sortie du *Code a changé*, et ce soir-là, à Edouard-VII, au milieu des rires, il avait vu et entendu, jusqu'aux silences, tout ce que je voulais proposer ! Ces risques qu'on prend sur scène, ces tentatives que l'on fait d'un soir sur l'autre pour essayer d'atteindre un moment de grâce... seul un comédien qui pratique ça peut comprendre ! Ce soir-là, il m'a pris à part, m'a parlé longtemps, ça m'a fait plaisir. Tout simplement.

C'est ça, le plaisir d'être un acteur ? Faire des choses que seuls les comédiens comprennent ?

Mais non ! L'important, c'est que le public soit touché par ce que tu fais, même s'il ne sait pas comment tu y es parvenu, et d'ailleurs, il s'en fout. Alors qu'un acteur... Enfin, bref, tu m'as compris. Le plaisir d'être acteur, c'est entrer dans le phantasme de quelqu'un d'autre, d'un auteur, d'un metteur en scène... Et aussi celui d'être pendant un temps donné médecin, avocat, tueur en série, président ou jardinier ; être quelqu'un d'autre, l'inventer, le rendre vrai... Mais il y a autre chose : j'ai toujours besoin de chercher, de reconstruire. Pour moi, c'est l'essence même de la vie, et de la vie d'acteur. Tu as des comédiens formidables qui vont aborder une pièce, un personnage, qui vont trouver un ton, une partition, et qui n'en bougeront plus pendant deux cents représentations. Moi ce qui me rend heureux, c'est de réinventer la pièce pratiquement tous les soirs sans en changer un mot… Redécouvrir mon personnage, celui de mes partenaires, et la situation !

Jamais immobile !

Quand je jouais *Le Limier* avec Weber, j'allais le chercher dans sa loge, avant la représentation, pour aller sur la scène… C'était fou ! On reprenait des passages, on trouvait des nouveaux trucs à essayer le soir même, juste lui et moi, devant la salle vide, avec simplement les ouvreuses et les placeurs comme public ! On changeait le ton. On se lançait des défis. « Le personnage, ce soir, je vais le jouer plus timide ou plus arrogant… » C'était casse-gueule parce qu'il fallait, une fois lancé, tenir sur la longueur ! Mais quel challenge ! On a vécu de grands moments, Jacques et moi, pendant ces quelques mois…

Tu as eu des modèles, à défaut de maîtres ?

J'ai surtout appris en regardant. Mon école : le cinéma du début des années 70. *Le Messager*, *Z*, *Il était une fois dans l'Ouest*, *Serpico*, *Marathon Man*, *Panique à Needle Park*, *César et Rosalie*, *Le Parrain*… Est-ce que je serais devenu acteur sans ce fort besoin d'identification ?… D'Allan Bates à Al Pacino, de Montand à Brando, d'Hoffman à Gabin ?…. Si je n'avais pas été amoureux de Romy ? Et puis, est-ce que j'aurais fait de la musique sans l'harmonica de Charles Bronson ?

Et tu as eu des films référence ? des moments où tu t'es senti franchir un palier ?

A chaque film, j'ai ce sentiment ! Mes personnages sont tellement différents les uns des autres. J'ai l'impression d'apprendre tous les jours un peu plus, et que c'est à l'infini... J'ai de plus en plus envie d'être utilisé, d'être poussé au plus loin de mes retranchements, d'être mis en danger, d'avoir la possibilité de creuser, de proposer plusieurs solutions. C'est ce que j'attends aujourd'hui d'un metteur en scène. Je prends beaucoup de plaisir en ce moment sur le tournage du film *Le Prénom*, tiré de la pièce, avec Alexandre de la Patellière et Matthieu Delaporte, dont l'audace et l'énergie me permettent cette liberté. Pour les films référence : *La Maison assassinée*, *Force majeure*, *K*, *Attention bandits*... Lelouch m'a appris à m'accepter.

Tu ne t'aimais pas ?

Je n'aimais pas spécialement mon physique, je ne me savais pas charismatique. Et Lelouch m'a décrit le personnage, genre le mec idéal, beau, gentil, petit génie de la carambouille – on l'appelle Mozart : premier hold-up à 5 ans... Bref, une sorte d'anti-héros qui fait craquer tout le monde. Moi, perplexe : « Il va falloir ressembler à ça ? » Et Lelouch : « Où est le problème ? » Y a pas à dire : ça donne confiance, surtout après les premiers rushs. Je ne m'étais jamais vu comme ça sur un écran.

D'autres rôles ?

Un secret, *Le code a changé*, *Le Lait de la tendresse humaine*, *Une vie à t'attendre*, un très beau rôle que m'offre Thierry Klifa, mon petit frère d'adoption que j'ai vu naître dans ce métier et que j'étais tellement fier d'accompagner pour son premier film. Et puis *Le Coup de sirocco* et *L'Union sacrée*. Un travail d'acteur pas facile où mon personnage passe de la candeur à la colère.

Mais ce personnage te ressemble ! Politiquement, cette idée d'entente judéo-arabe contre l'intégrisme, c'était toi, c'est le message que tu portais, en vrai, dans les médias !

Politiquement, j'étais en phase avec le film, heureusement ! Mais je te parle d'autre chose : mon métier. Faire vivre un personnage qui n'est pas loin de vous, l'amener à être lui-même tout en le tirant vers soi, c'est extrêmement compliqué… A la limite, rien n'est plus dur que ce que fait Sophie Marceau dans *La Boum* : une ado qui joue aussi bien une ado !

Et c'est le même mec, passionné des moindres frémissements de ses personnages, qui n'a joué que quatre fois au théâtre dans sa vie d'acteur… Le même mec aussi qui passe pour un dilettante ou un léger quand on ne le connaît pas, qui se met à la faute comme par plaisir, pour conjurer la perfection… Paradoxe de ce comédien : il théorise l'imprévu et l'improvisation comme composante de la perfection ou de l'équilibre. Il se dispute un jour avec Valérie Benguigui, une de ses partenaires dans Le Prénom *; il lui a arraché un objet des mains, sans prévenir, pour épicer une scène. La brouille va durer trois jours, ils s'en expliquent, il plaide, il reconnaît qu'il a eu tort…*

Il faut de l'imprévu pour être bon ! Regarde Lelouch : tous les acteurs sont bons avec lui – tu peux discuter de ses films, mais pas des acteurs. Ils sont naturels, parce qu'il ne les prévient pas de ce qui peut leur arriver…

J'ai une scène en tête aussi, dans *Pretty Woman*. Quand Richard Gere offre une bague à Julia Roberts, et qu'il referme l'écrin brusquement, elle a un rire qui emporte tout : évidemment, le geste n'était pas écrit, il l'a surprise ! Pour moi, c'est le bon argument ; mais Valérie m'en a opposé un autre : au cinéma, si la surprise ne donne rien, si la scène n'est pas bonne, on peut refaire la prise. Au théâtre, si un acteur est déstabilisé par un geste de son partenaire, ça peut mettre toute la pièce en péril... Sur ce coup, c'est elle qui a raison...

Tu aimes faire paniquer les autres ?

Non. Mais je n'ai sans doute pas la même manière de gérer mon trac ou ma concentration que la plupart des acteurs.

Par exemple ?

Je n'ai pas besoin que ma concentration se fasse au théâtre même. Elle commence très tôt dans la journée. Je peux arriver un quart d'heure avant la pièce, je sais que je serai prêt.

Et si on te le fait, ça ? Genre, un de tes musiciens qui se pointe dix minutes avant ton concert ?

La première fois, je vais être surpris. Mais si le gars est vraiment là, s'il ne plante pas le spectacle, je lui fais confiance ! Je suis le mieux placé pour ça... Et puis, il n'y a pas de raison de passer sa vie à paniquer ! Un soir, un acteur du *Prénom* était coincé dans des embouteillages. C'était le jour où tout Paris était bloqué pour le président chinois. Tout le monde s'est mis en panique. Je leur ai dit : « Et alors ? Si Guillaume est bloqué, il doit y avoir des spectateurs dans le même cas… Au pire, on commence en retard ! »

Tu es un laxiste !

Il y a rien de laxiste là-dedans, on n'a juste pas le choix. Alors, autant boire un coup et attendre… Non, moi, je ne suis jamais en retard. C'est pour ça que je m'inquiète si quelqu'un a du retard ou ne vient pas… D'ailleurs, ça m'arrive assez souvent avec toi !

Je confesse.

Et puis, c'est très variable, il n'y a pas de règles. Sur *Le Prénom*, parfois, j'arrivais tôt à Edouard-VII. J'ouvrais ma loge, comme ça tout le monde voyait que j'étais là. Puis j'allais me promener. J'adore ce quartier. J'étais déjà en costume de scène, je prenais un café dehors. Et je revenais à l'heure pile pour défendre ce texte génial dans le beau théâtre de Bernard Murat, le metteur en scène à l'oreille « actorale ».

On a laissé le jeune Bruel en plan, avec son histoire. On y retourne.

Et donc, à 20 piges, au moment du *Charimari*, tu es déjà comme ça ?

Pire. Le jour de la première du *Charimari*, j'avais tellement peur que je suis allé voir *West Side Story* sur les Grands Boulevards, à la séance de 5 heures. Le film est long… La pièce était à 9 heures moins le quart au Saint-Georges… Je suis arrivé à la demie au théâtre.

Ce soir-là, ils te détestent tous ?

Ils avaient tellement le trac qu'ils ne s'en sont même pas aperçus ! Juste étonnés de me voir détendu, même si je n'en menais pas large. Et puis, il y a eu la première réplique, et tout s'est enchaîné…

C'était ?

« Ça avance la cotte de mailles ? » Je lance ça à Micheline Boudet qui est en train de tricoter un joli petit pull en cachemire gris… La salle explose de rire. Et moi, je prends ça en pleine face. Je pars en fou rire, je rate la réplique suivante, Boudet me fait les gros yeux : « Enchaîne ! Enchaîne ! », il me faudra quelques longues secondes pour me remettre dedans.

Ça parlait de quoi au fait ?

Un couple, la cinquantaine, qui bat de l'aile : le mari a le démon de midi, il en pince pour une jeunette ; moi, je suis l'ami du fils, et je vais remonter le couple, en faisant croire au mari que sa femme et moi…

C'est le 4 septembre 81 que Patrick fait donc rire, du monde, pour la première fois… Et ça dure deux ans sous les applaudissements du public et de la critique. Et c'est une carrière qui commence…

Après *Le Charimari*, une autre pièce, toujours au Saint-Georges, *On m'appelle Emilie*, avec Odette Laure et Maria Pacôme… Une pièce charmante, avec un très joli rôle.

Et la chanson, pendant ce temps ?

Ça reste ma priorité. Je n'ai jamais arrêté de chanter. Je veux être chanteur, et acteur. Faire les deux. Et en plus, je me rends très vite compte que ça peut être interactif, même si c'est à double tranchant. En effet, la chute de l'un pourrait entraîner l'autre. Donc si je décide de faire les deux, il faudra tout faire à fond. Ne jamais être un chanteur qui joue la comédie à ses heures perdues, ou un acteur qui se paie un album de temps en temps… Et puis, je compose sans arrêt, depuis toujours, enfin depuis le lycée. Plein de chansons que j'ai oubliées…

Totalement ?

Elles doivent être dans un tiroir… David avait retrouvé une cassette de mes 16 ans. Ce qui est drôle, c'est que j'écrivais très sérieusement à l'époque. C'était très construit : faut dire que j'écoutais Brassens en boucle et, en matière de construction, la barre était haute ! Le résultat sans doute moins… Pourtant j'étais vraiment assidu. Le soir, je m'enfermais dans ma chambre avec ma guitare, un bloc, et j'écrivais une chanson sans l'abandonner tant qu'elle n'était pas finie (si je pouvais faire ça aujourd'hui !…). Et le matin, je la chantais à David, qui avait 3 ans… Pauvre gosse !

On est sérieux quand on a 15 ans, et Patrick cherche dans sa jeunesse studieuse la patience qui le portait, ado, quand tout était à construire… On explore les années de construction, ce qui bougeait alors, quand il était déjà lui-même et encore malléable pourtant, percuté par d'autres qui resteraient ; son alter ego des premières années de gloire, Gérard Presgurvic, par exemple…

Et ton pote Presgurvic, dans l'histoire ?

Je l'ai rencontré chez Bénichou, à New York, ce séjour où je me fais virer par la mère de Patricia. Il vient de composer la musique d'un film avec Jodie Foster. Il étudie le cinéma à NYU, l'université de Greenwich Village, avec sa bande de copains. On accroche très vite. Il écrit des chansons : « Ah bon, moi aussi… » On discute. Il écrit des chansons mais n'a pas de piano. Et moi : « Ça tombe bien, ma copine en a un… » J'appelle Patricia, la voie est libre, on va chez elle et je découvre Presgurvic au piano…

C'est quoi ? De la variété, du rock ?

Des chansons… Avec une poésie du quotidien et une violence sous-jacente qui me touchent. Il me chante un truc qui s'appelle « Marre de cette nana », amorce de ce qui deviendra cinq ans plus tard mon premier succès. Et puis il y avait ça aussi…

Patrick prend une guitare, il chante du Presgurvic inédit… « Les cigares du pharaon traînent par terre dans le salon, un verre de whisky renversé, elle est passée… Le piano est de travers, les tiroirs de la chambre ouverts, son parfum est dans l'air, elle est passée… Elle est passée par là et j'suis pas sûr qu'elle repassera… »

… C'est joli, hein ? Dommage qu'il ne l'ait jamais enregistrée. C'était un chouette moment. Je lui dis avant de se quitter : « Je suis presque tous les soirs dans un club de jazz, 7e avenue 11e rue, ça s'appelle le Village Vanguard. Tu sais où me trouver. » Et il s'est pointé le soir même. Bref, on devient amis et on le reste en rentrant à Paris. On se voit très souvent, on travaille ensemble. Une nuit, nous voilà chez Franz Priolet, sur France Inter, et je chante pour la première fois une chanson qu'il m'avait jouée à New York et que j'enregistrerai deux ans plus tard.

Il chante encore. « Vide. Ma vie est vide. J'suis dans un embouteillage de souvenirs, de visages... »

Pas gai !

Pas vraiment ! Cette chanson, je l'enregistre chez Barclay, un peu sur un malentendu... A l'époque, Cocciante est numéro 1 avec « Le Coup de soleil ». Un directeur artistique en vacances au Club m'entend chanter « Vide », à peu près dans le même registre. Ni une ni deux, il me signe. Mais voilà, il y a un « mais » : mon physique, ma pêche, mon côté solaire contrastent violemment avec ce texte plutôt déprimé. Evidemment, ça ne marche pas. Et je vais attendre d'avoir une chanson qui me corresponde un peu plus pour ressortir : ça sera « Marre de cette nana »... Je viens voir Gérard un jour, je lui dis qu'il faut qu'on la reprenne, qu'on la termine. J'ai toujours en tête la phrase de Suffert : « Fais-les marrer... » Mon premier succès sera cette chanson sympa et un peu grinçante !

Ils font plein de trucs improbables et géniaux, dans un temps qui leur ressemble, où les frontières sont poreuses entre les genres, où tout a le goût du neuf. On en parle, un jour, quand la conversation languit un peu, que je cherche à cerner le mec, à tester les limites de sa curiosité... On est allé sur la musique des jeunes, pour voir...

Tu écoutes du rap ?

Souvent.

Tu aimes ?

J'adore ! Quand il se passe quelque chose, j'adore. Dans ma bagnole, à fond. Le son, la sensation… Mais le problème, c'est que dans une musique aussi marquée socialement, le propos est trop important. Et s'il n'est pas bon, le rap n'est pas bon.

Et c'est souvent décevant ?

Surtout très attendu… L'autre problème, c'est que la représentation du rap m'emmerde : le côté très stéréotypé des clips, les gros Blacks avec les bagouzes. Et les mouvements qui sont toujours les mêmes, avec les deux filles façon pétasses qui se tortillent… Il y a autre chose à apporter et à raconter ! Ce rap-là fait un peu de mal à l'autre, parce que ça le banalise…

Ça le trivialise…

Et c'est dommage, parce qu'il y avait quelque chose avec le rap. C'est un mouvement fascinant.

Mais ce ne serait jamais ta culture ?

Attends ! Le premier rap français, c'est nous !

Le premier rap français ?

Oui, Chagrin d'amour, « Chacun fait c'qui lui plaît », c'est la première aventure de notre bande : Presgurvic, Bourgoin, Martin, Abitbol…

Mais tu es quoi, là-dedans ?

On était tous ensemble. J'ai failli le chanter mais j'étais déjà sous contrat avec Barclay. Alors j'ai fait des chœurs dans la maquette, je faisais même Dieu qui essayait d'intervenir au milieu de chaque couplet !

« Mes bien chers frères…

— Ta gueule ! »

Mais ils l'ont enlevé…

Tu l'as gardée quelque part, la maquette ?

Peut-être que Gérard l'a encore… Même si je n'étais pas producteur de ce truc, je me suis défoncé pour ce disque. J'y croyais tellement que je l'emmenais partout : à des potes en radio, en boîte – à l'Elysée-Matignon, à l'Apocalypse, au Privé… Je me souviens d'un soir où je fais les trois discothèques, en demandant aux DJ de passer le disque : catastrophe. Bide sur bide. A peine le morceau démarrait que les gens quittaient la piste… On était avec Yves Martin et Philippe Abitbol. Yves, découragé, soupire :

« Je vends mon pourcentage !

— Combien ?

— 14 000 francs. »

Ce n'était rien, la moitié du coût de l'enregistrement… Yves se tourne vers moi :

« Ça t'intéresse ?

— Oui, mais je ne les ai pas. Ma mère vient déjà de me prêter de l'argent pour mon appart… »

Du coup, c'est Philippe qui les prend. Et 2 millions de disques plus tard, ça va lui rapporter 80 bâtons… Je n'étais vraiment pas un homme d'affaires !

Tu te rattraperas ensuite...

Contrairement à ce qu'on peut penser, je suis très loin d'être un bon businessman !

Le temps des brindezingues. Chagrin d'amour, j'ai 20 ans pile, et il y était. Cinq heures du mat, j'ai des frissons, je claque des dents et je monte le son... On glisse avec Patrick aux souvenirs de mecs, on en est bientôt aux confidences de régiment ? Précisément, le régiment...

C'était ma grande angoisse, l'armée, et ce que j'allais perdre à cause d'elle. Je suis de la classe 82-12. Incorporable en décembre 82. J'ai vu venir la catastrophe des mois à l'avance. J'étais en plein *Charimari*, la deuxième saison allait commencer. Et je risquais de devoir arrêter. Les gens du théâtre voulaient me remplacer...

Logique...

Oui, mais inenvisageable ! Je leur jurais qu'ils n'en auraient pas besoin : « Si vous prenez un remplaçant, il viendra pour rien, il ne jouera jamais, je serai là tous les soirs ! » J'ai tenu sur cette ligne, mais je n'avais pas vraiment de plan... Ma seule concession : si une fois, une seule, je ne venais pas, on me remplaçait. Je dis ça à Félix Ascot, ton tonton, qui accepte.

Et tu es parti à l'armée...

Au 120e régiment du train. Je devais être à Fontainebleau le 6 décembre 1982 au matin. Et la veille au soir, dans la nuit, j'ai explosé ma voiture en sortant de chez Pagny, rue de Tocqueville...

Florent Pagny ?

Mon meilleur pote à l'époque. Tous les soirs, quand je sortais du théâtre, on allait chanter au Vin aux Halles, un restau de nuit qu'on avait découvert... Je vais te raconter.

Patrick, en mode saga potachière et épique...

Donc ma voiture est morte. On m'en prête une. Je vais à Fontainebleau. Je suis incorporé. C'était un lundi, le théâtre faisait relâche, j'ai dormi à la caserne. Mais dès le lendemain, ma vie a commencé à se compliquer... A la caserne, on nous libérait à 17 heures. Je rentrais à Paris aussitôt. Je passais une heure chez moi à téléphoner partout pour trouver un moyen de me faire réformer. Puis j'allais au théâtre. Je jouais. A la sortie, mes potes m'attendaient. Direction Le Vin aux Halles... Tout le monde venait voir ces gamins de 20 ans qui mettaient le feu dans ce restau qui, trois mois plus tôt, faisait dix couverts et qui désormais faisait trois services par nuit... On finissait en boîte. Mais tout en chantant ou en dansant, je cherchais une voiture pour revenir à Fontainebleau, où je devais pointer trois-quatre heures plus tard. Du coup, je ne m'intéressais qu'aux filles avec voiture...

C'est-à-dire, comprenons bien, que Patrick avait le choix. Fille avec ou sans voiture, mais fille de toute manière, tombeur juvénile autoproclamé, et à l'époque, pas encore un monstre de notoriété... Je me suis demandé, je lui ai demandé, ça m'intriguait cette histoire, non pas combien de filles, « mille e tre », *dit Leporello, mais si le fait d'être une star, la star des gamines et montées en graine, avait bousillé son rapport aux femmes. Lui qui fut, je le cite, « célibataire assidu » avant l'âge sage... Les succès juvéniles sont une réponse : il a toujours eu ce don, si j'ose. Lui dit ça doucement, façon modeste. C'est une incise.*

Quand tu es devenu l'idole des femmes, ça a transformé ton rapport avec elles ?

Tu fais dans le cliché ! Entre les filles qui crient dans un concert parce qu'elles aiment le chanteur, et celles qui sont partantes pour avoir un truc avec lui, il y a de la marge ! Ce n'est pas comme si j'avais pu séduire n'importe quelle nana du jour au lendemain, en devenant célèbre...

Ça aide...

Bien sûr ! Mais la notoriété ne te donne pas tout.

Bruel ou n'importe quel mec, ça ne change rien ?

Forcément si, un peu. Mais heureusement que j'avais déjà un peu de succès avant, ça m'a permis de rester calme. Ça n'a pas été un bouleversement, comme pour beaucoup d'autres. Je me suis dit qu'on s'intéressait un peu plus à moi...

C'est joliment dit, non ? Un peu plus ? Sa maman se souvient qu'à l'école il s'était retrouvé seul garçon dans une classe de filles, une année. Et qu'il s'était habitué, alors, à la compagnie des femmes, jusqu'à en faire une nature... Revenons à Patrick bidasse, qui vient de trouver une fille, avec voiture...

Au petit matin, j'arrivais à la caserne, et là, salut au drapeau…

Et tu te planquais pour dormir ?

Dès que je pouvais, sinon je serais mort !… Un jour, grosse inquiétude : je me retrouve convoqué dans une salle au milieu de plein d'autres mecs, sans trop savoir pourquoi. Un type plutôt gradé arrive : « On vous a réunis parce que vous avez tous un point commun. Vous faites partie du monde du spectacle. Et dans vingt jours, c'est le Noël du régiment. On compte sur vous pour monter un spectacle sympathique et entraînant. » Je m'attendais à pire comme mission. Il y avait dans le groupe un garçon qui s'appelait Didier Van Cauwelaert. On a pris les choses en main : mise en scène, écriture…

« Mais tout ça prend du temps, mon adjudant !

— Vous avez carte blanche. »

Ça m'a donné de la marge pour récupérer de mes nuits.

Planqué, sauvé…

Pas encore. Une semaine plus tard, il y a le raid : on doit partir tous ensemble pour une expédition de trente-six heures, au cœur des classes. Je ne peux pas faire le raid, à cause du théâtre. Et je le dis aux gradés, qui s'en moquent évidemment. Et qui me renvoient vers le médecin. Qui s'en moque également. Et me lance : « Ça ne se passe pas comme ça ici. Le raid, tout le monde le fait ! »

Ce qui est plein de bon sens…

Mais moi, je jouais ma pièce ! C'était impossible ! « Ce n'est pas que je ne veux pas, je ne peux pas et je ne le ferai pas ! » Je l'ai regardé droit dans les yeux : « Je suis un très grand acteur... Je vais vous faire une crise d'épilepsie dans la cour. La plus belle que vous ayez jamais vue ! »

Et il t'a mis au trou ?

Il y a eu un long silence... Je flippais. « Putain, pourvu qu'il me prenne pas au mot... Je suis incapable de faire ça, je suis allé trop loin... » Et il m'a dit très sérieusement : « OK. Deux places pour ma femme et moi jeudi soir. »

Evidemment, on en doutait ? Patrick ne pouvait échouer face à un brave major. La suite de l'armée sera du même tonneau. Charme et chance, et on la provoque.

Donc je continue à jouer tous les soirs au théâtre, et tous les jours, j'essaye de me faire pistonner pour être rapatrié à Paris, et on fait un triomphe avec le spectacle de Noël, en faisant jouer Bécassine à la trompette par un adjudant et en faisant hurler les enfants avec un applaudimètre façon Club Med. Médaille du régiment... Les classes se terminent et je suis affecté à Paris, à Dupleix. 1er régiment du Train.

Le régiment des planqués, faisons simple.

Le premier jour, je rencontre le capitaine, il me dit :
« Trouvez-vous un poste...
— Euh... d'accord. »
Je marche dans le couloir, je vois « Bureau du lieutenant. »
« Vous avez un secrétaire ?

— Non !

— Ça peut être moi ?

— Si vous voulez !… Prenez ce bureau ! »

Quelle embellie, d'autant plus que je me retrouve affecté aux permissions ! Je deviens le soldat le plus populaire et le plus respecté de la caserne. Je donne les perms, je joue *Le Charimari*, je chante au Vin aux Halles et, à 6 heures du mat, je me change dans les toilettes et je rentre dormir bien tranquille à la caserne après avoir salué le drapeau. Et ça dure jusqu'à ce que je parte tourner pour Arcady, *Le Grand Carnaval*…

Parce que tu feras aussi du cinéma, pendant le service ?

Cette histoire-là, elle fait la joie de mes amis ! C'est Arcady qui la raconte le mieux, mais on va faire sans lui… Bref. Après *Le Coup de sirocco*, il a fait *Le Grand Pardon*, mais sans moi. J'en suis terriblement vexé. Et quand j'apprends qu'il prépare ce nouveau film, sur le débarquement américain en Algérie, je l'appelle…

Il ne t'avait pas appelé ?

Non, il n'avait pas de rôle pour moi. Mais peu importe. Je me fâche presque. Je lui dis que je suis à l'armée, que *Le Charimari* se termine fin avril, je veux partir tourner avec lui, en Tunisie, qu'il se débrouille… Je lui dis aussi que j'ai lu le scénario. Et là, il s'étrangle ! Et moi : « Oui, Alain Le Henry (le scénariste) me l'a montré, il est resté fidèle, lui ! »

Et tu avais choisi ton rôle ?

Le fils de Noiret. Je le dis à Arcady. Il me fait : « Il n'y a que trois jours de tournage.

— Non, il y en a quarante-cinq. Fais-moi venir et on s'arrangera… Tu me fais un papier, un contrat pour quarante-cinq jours de tournage en Tunisie, et surtout tu précises bien que c'est un film avec Roger Hanin ! »

Pourquoi Hanin ?

On était sous Mitterrand, Roger était le beau-frère du président… Au régiment, tout le monde pensait que j'avais eu un piston présidentiel, *via* Roger du *Coup de sirocco.* C'était faux, mais évidemment imparable. C'est pour ça que j'étais chouchouté…

Et ça a marché ?

Evidemment. Le colonel m'a laissé partir : « Rapportez-moi une affiche ! »

Et en Tunisie, ça se passe comment ?

C'est là que je vais devenir vraiment copain avec Arcady… Je n'ai effectivement que trois jours de tournage, mais je ne suis pas venu en vacances, je vais tout faire, jour après jour, pour faire exister mon personnage un peu plus. Une fois, je passe à cheval dans le champ, le lendemain, je parle avec le métayer. Après, je fais mes devoirs dans la cour… Bref, je suis partout. Quelques mois plus tard, en plein montage, Arcady m'appelle :

« C'est incroyable, je ne pensais pas que ton personnage était aussi important. D'ailleurs, il me manque un plan, là, pendant que Noiret est avec Fiona dans l'écurie.

— Il y a qu'à demander ! Il y a un plan où j'écris sur une table dans la cour de la ferme…

— Mais j'ai jamais tourné ça, moi !

— Pas toi ! J'avais convaincu Besson que ça pourrait être utile… La preuve ! »

Luc Besson ?

Il était réalisateur deuxième équipe. C'est lui qui a filmé pas mal de mes plans. Il mettait toujours sa caméra dans des angles insolites, j'aimais bien le regarder faire.

En gros, tu arrivais toujours à tes fins ?

Etre le cinquante-quatrième rôle du film et finir parmi les neuf noms sur l'affiche, ça valait le coup. J'ai toujours ouvert les portes moi-même. J'y allais. Je tentais tous les coups. J'arrachais les choses…

L'argent arrive avec *Le Charimari* ?

Non, pas du tout. *Le Charimari*, c'est 200 francs par jours, 30 euros… J'arrive juste à boucler les échéances de mon appartement. Un petit appart, ma mère m'a aidé pour l'apport. Je dois payer 5 000 francs par mois… Non, l'argent viendra plus tard.

L'aisance, elle vient avec « Marre de cette nana » ?

Pas vraiment. « Marre de cette nana », c'est un succès radio, un succès d'estime, une installation, pas encore une vente, mais la rencontre avec les grands rendez-vous de télévision et notamment le 10 mars 84 : « Champs-Elysées ». L'émission dont tout le monde rêve et le début d'une amitié profonde et inaltérable avec Michel Drucker, qui sera là, avec Françoise Coquet, à toutes les étapes importantes de mon parcours. Le succès commercial viendra avec la chanson suivante, « Comment ça va », qui va devenir un des tubes de l'été 85, et ce tube rencontre la sortie de *P.R.O.F.S.* C'est là que ça commence vraiment. Le jour de la sortie, tout le monde est sidéré par les premiers chiffres dès 14 heures. Les exploitants n'en reviennent pas : « Il rafle tout, le petit ! » Le petit, c'est moi. Il se passe un truc qui nous échappe…

Le jackpot…

Eh non… Parce que financièrement aussi, ça m'a échappé ! Entre l'acteur un peu connu qu'ils avaient engagé à bas prix en février et la « vedette » que j'étais devenu pendant l'été, ils ont fait une belle opération. On a fini à 3 millions d'entrées.

Le jeune acteur est un exploité…

Non, c'était de l'investissement. Ils veulent tourner *P.R.O.F.S. 2, 20 ans après…* Je vais me rattraper !

Donc tu deviens star en 85…

Une « étoilette »… qui sait ce qu'elle a à apprendre, qui écoute et qui regarde beaucoup. Cette année-là, en juillet-août, je fais la première partie de la tournée de Patrick Sébastien. Et dès le premier concert, je me prends une leçon…

Quelle leçon ?

La leçon de Berck ! Inoubliable ! J'arrive tout seul avec ma voiture, personne ne fait attention à moi. Patrick m'accueille :

« Alors, tu veux faire quoi ?

— Je sais pas… Quatre, cinq chansons.

— C'est beaucoup… »

J'insiste, sûr de moi. Et lui :

« Bon, OK. Ce soir, tu fais comme tu sens. »

Je monte sur scène et je comprends très vite que les gens ne sont pas venus pour moi. En plus, je commence par « Marre de cette nana », la seule qu'ils connaissent un peu, et encore ! Je suis en nage. Au début de la deuxième, je trouve ça déjà trop long… Troisième et quatrième, je t'en parle pas… Evidemment, personne ne me rappelle pour la cinquième. Je sors de scène, Sébastien me dit : « Bon. Je fais mon spectacle, on parle après. Mais demain, c'est deux chansons… T'as combien de chansons connues ? » J'en avais à peine deux. Et Sébastien : « Donc, deux chansons ! »

La leçon…

Il est parti faire son spectacle et là, il m'a mis une claque. Un vrai *showman* ! Je l'écoute, je le regarde, j'apprends. Au bout de quelques jours, quand je suis à l'aise avec mes deux chansons, il m'en autorise une troisième : « Tu n'as pas une lente ? » J'en ai une : « Vide ». Je la chante. Quand je sors de scène, il me fait : « C'est très fort !… » Moi, tout content : « Merci. » Lui : « …Baisse un peu. »

« Baisse un peu » ?

Je gueulais trop ! Il avait raison. Et de soir en soir, j'ai peaufiné, changé l'ordre, rajouté une quatrième. Et puis à Royan, ma mère est dans la salle et les gens me rappellent pour la première fois (elle avait dû les payer…). Sébastien est à la sortie de scène et je lui dis : « Je t'en supplie, je peux en faire une autre ?… Juste pour ma mère ! » Et je reviens faire « Amsterdam » ! J'ai été heureux sur cette tournée. J'ai du succès, on voyage, il y a des filles partout, je vis un rêve… A partir de là, je n'aurai plus qu'une envie : faire de la scène. Plus que tout ! Cet été 85, ça devient parfaitement clair. Mais le succès de *P.R.O.F.S.* va me mettre devant ce fameux choix, chanson ou cinéma, qui ne me quittera plus jamais…

Et t'as su gérer ?

Plus ou moins ! On ne gère jamais vraiment tout dans ce métier. Et au cinéma, on dépend du désir des autres.

Tu n'as pas de déroulé de carrière, pas de plan écrit…

Tu as des envies, des ambitions, un ordre de priorités mais tout ça est forcément bousculé par les événements. Bonnes ou mauvaises surprises. Petits coups du destin… En 90, tout aurait pu exploser en vol. Rien ni personne n'avait été préparé pour « gérer » un tel ouragan ! C'est là que l'entourage est important, ceux qu'on choisit pour tenter de comprendre, d'avoir une vision d'ensemble, un semblant de stratégie. Parmi ces gens, il y avait Evelyne Presgurvic, l'épouse de Gérard. Elle avait été attachée de presse chez Polydor, elle connaissait très bien tous les rouages, et surtout les pièges à éviter… Combien de soirées passées dans leur appartement de la rue Delambre – avec leur petite fille Laura, 5 ans, qui forgeait déjà son avenir artistique – à parler musique, à refaire le monde et à essayer de construire l'avenir ? Evelyne a été une sorte d'éminence grise. Sans elle, les choses auraient sûrement été différentes…

Assez de souvenirs ! On a déjà raconté l'histoire, success story, chants et films, jeunes filles en fleurs. Et puis la mayonnaise prend, et trop d'amour tue la paix, et l'euphorie en même temps, et Patrick qui veut tout dire et faire, et même prof de civisme à la télé, et puis la crise… On en était là, dans notre bavardage, avant de réexplorer les débuts. On était à la crise de 95 et à la résilience. En 99, l'album de Bruel s'appelle Juste avant… *C'est un album tout doux, entre le piano et sa voix. Il va avoir 40 ans, il va mieux. Il allait toujours bien peut-être, il ne le savait pas, ou ce sont les autres qui l'ignoraient… Derrière cet album, il y a l'apaisement d'un homme, mais aussi son clan, ses plus proches : ses frères, David et Fabrice, musiciens comme lui, mais pas comme lui, dans le classique ou le jazz, à qui il montre la voie, mais ils la lui tracent… Il en parle souvent, Patrick, des petits frères, fier et admiratif à la fois, parfois épaté.*

A Rotterdam en 93, 9 000 personnes. Fin du concert, j'attaque « I Still Haven't Found… » de U2. Et j'entends un coup de caisse claire d'une sonorité inhabituelle. Je me retourne : Fabrice, 17 ans, assis sur un siège qu'il ne quittera plus jusqu'en 2000. Je n'arriverai pas à le retenir quand, après un passage chez Souchon et Aubert, sa passion du jazz nous l'enlèvera définitivement…

Fabrice, c'est le petit frère…

Il est né trois ans après David. J'avais 16 ans et moins de temps pour m'occuper d'un bébé, comme je l'avais fait avec son frère, mais nous avons une vraie complicité. Je n'ai jamais vu quelqu'un d'aussi volontaire, avec une telle détermination. Il a l'envie, la sensibilité, il a accumulé des heures de travail depuis ses 14 ans, et aujourd'hui, il est l'un des batteurs les plus respectés dans le monde du jazz… Je l'ai vu hier soir au Sunset[1] avec le saxophoniste Pierrick Pedron, ce qu'il dégage est inouï. Il semblait tellement dans son élément. Le concert était génial d'inspiration, ça m'a forcément rappelé mes nuits au Vanguard à New York.

David aussi a travaillé avec toi…

Mes deux frères ont joué un rôle important, voire essentiel, dans mon travail. Ça commence très tôt : à 14 ans, David compose sa première musique. Je la trouve très sympa. Quelques mots plus tard, ça devient une vraie chanson. Je la mets dans mon premier album…

La chanson s'appelle ?

« Ça fait désordre ». Très marrante et très moderne… Sur l'album suivant, *Alors regarde*, David et Fabrice ne feront rien directement, mais ils seront en même temps déterminants. Il y a une scène mémorable entre mes frères et moi : forcément inoubliable, elle se situe devant le bureau de vote, au deuxième tour de la présidentielle de 88 ! Nous sommes dans la voiture, je leur fais écouter une nouvelle chanson qu'ils aiment beaucoup et que j'ai enregistrée la veille… Et là, ils se mettent à pleurer.

Tellement c'est beau ?

Non, tellement c'est naze ! Ils détestent : « T'as pas le droit de faire un truc aussi nul… Ta chanson était super, t'as tout gâché ! L'arrangement est complètement hors sujet… »

1. Un des clubs de jazz les plus réputés de Paris.

Durs, les jeunes !

A 16 et 13 ans, ils sont à fond dans la musique. Ils sont intransigeants.

Et ils ont raison, en l'occurrence ?

En tout cas, ça me fait réfléchir ! Il y a quelque chose qui ne va pas, ils mettent le doigt sur un vrai problème. Du coup, c'est tout l'album que j'interromps. Et six mois plus tard, je vais faire appel à Mick Lanaro pour produire ce disque, en lui expliquant pourquoi je suis mal à l'aise. Et lui me dit qu'il faut épurer, aller à l'essentiel.

Donc, ils avaient raison…

Complètement. La chanson qu'ils avaient écoutée dans la voiture était orchestrée un peu soupe, c'est vrai. Trop chargée… Avant de partir à New York, on a enregistré quelques titres à Toulouse avec Lanaro, et je lui ai raconté l'historique de la chanson. Je la lui joue au piano. Je m'arrête, je lui dis :

« Je ne trouve pas de refrain à cette histoire…

— C'est une bonne phrase ! »

Et c'est devenu le refrain : « J'te l'dis quand même » est née, une chanson toute simple, piano-voix… Et on connaît la suite.

Et l'album suivant, encore tes frangins ?

On est en 93-94, à New York ; là, ils sont plus vieux, ils ont commencé à faire des choses chacun de leur côté. Ils arrivent au studio, ils écoutent… Mais l'album est fini, ils ne peuvent rien dire. Ça les rend malades ! Il y a certaines choses qui ne leur plaisent pas. Mais c'est fini ! L'album a du retard, j'ai Bercy qui va arriver : je ne peux pas recommencer.

Mais pour eux, il aurait fallu ?

Oui, mais pas que pour eux. Avec le recul, j'aurais dû prendre un mois de plus, mais ça me sert de leçon… En 97, je souhaite que David soit impliqué dès le début : « Cette fois, je vais vraiment prendre mon temps. Est-ce que tu veux m'aider à faire quelques maquettes ? »

Juste lui ?

David, moi, et un jeune garçon qui s'appelle Benjamin. Un ingénieur du son et musicien, très doué, qui va devenir mon complice… Et puis Fabrice vient aussi.

Trois mômes donc…

David a 25 ans, Fabrice 22 ! Ils mettent énormément de cœur à peaufiner les arrangements et des petits détails qui changent tout… C'est un album très important pour moi : je vais revenir après cinq ans de silence, après m'être fait oublier, après avoir eu très peur. Et je décide de confier ce disque à des mômes qui n'ont jamais rien fait, jamais produit un seul album de leur vie, jamais mené un arrangement jusqu'au bout, jusqu'au public…

Vu de loin, ça a l'air insensé ? En réalité, jouer avec Fabrice et David, c'est alors, pour le chanteur auto-exilé, l'expression même de l'intelligence. Blessé par les autres, il choisit la sécurité absolue : l'amour inconditionnel des siens, son meilleur viatique avant de se risquer à nouveau.

Ma maison de disques est terrorisée. Tout le monde est surpris. Mais je suis de plus en plus sûr de moi : « Cet album doit être pur et vrai. C'est mon seul cahier des charges. Et pour l'instant, ma vérité se situe dans le travail que l'on vient de faire avec mes frères, dans les maquettes ; quelqu'un d'autre arriverait là-dessus, il polluerait l'album… »

Polluer, pureté… Revenir, pour Patrick, tenait du sacré…

D'ailleurs on avait fait une tentative : on l'avait donné à un arrangeur-réalisateur français très connu. On n'avait pas accepté son emprise ni qu'il modifie notre travail… Je suis retourné vers mes frères : « Voilà, on va faire ce disque ensemble ; ça ne va pas être facile, parce que vous êtes durs, intransigeants. Et que j'ai mon caractère… Ça va être difficile, tendu parfois, mais c'est moi qui aurai la décision finale. Parce que je ne veux jamais vous en vouloir. Si ça se plante, je veux n'en vouloir qu'à moi. Vous devez être d'accord avec ça. Si vous l'êtes, on y va ! » On y est allé.

La belle équipe !

Ça a été rock'n roll pendant sept mois ! On s'est pas mal frottés mais ils avaient si souvent raison !

Mais à l'arrivée, tu t'es retrouvé ?

J'étais exactement là où je voulais être et le public aussi. On a vendu 2 millions d'albums, mais plus encore que ce résultat, c'est la manière dont tout s'est passé. Les choix que j'ai assumés...

Par exemple ?

Choisir « Je te mentirais » comme premier single : un piano-voix pour revenir après cinq ans d'absence. Un peu gonflé, non ?

C'était vraiment un risque ?

La maison de disques m'avait averti : « On ne va pas passer sur les radios ! On ne passera pas sur NRJ ! »

Et ça ne t'inquiétait pas ?

Au contraire. Si j'étais sorti avec une chanson formatée pour NRJ, et que NRJ refuse de la passer, ça flinguait l'album pour toutes les radios. Mais là, j'avais une chanson qui n'était pas dans leur format. Ils ne la passaient pas, ce n'était pas rédhibitoire. Et ça pouvait même inciter d'autres radios à jouer la contre-programmation. Ça a été le cas.

Du marketing ou de la pureté ?

Les deux ! Ce n'est pas indissociable. J'avais juste envie que ce soit cette chanson qui donne le ton... Si en plus, c'était une bonne idée, tant mieux.

Donc, simplement ça, l'envie...

A un moment, il faut faire simple... En 91, j'avais fait la même chose en choisissant « Casser la voix » en premier single. Personne ne me suivait, la maison de disques voulait sortir en premier « Alors, regarde » ou « Place des Grands Hommes »... J'ai tenu.

Et en 99, tu es en phase avec ce que tu veux montrer…

C'est un album au plus près de ma vérité et plein de prescience. *Juste avant…*, c'était politique, je sentais que quelque chose allait basculer. C'était personnel aussi. J'allais bientôt rencontrer la mère de mes enfants.

Mais tu ne le savais pas ?

Non, mais je me sentais prêt. La pochette, c'est quand même deux mains de femme qui m'encadrent, et dont on ne voit pas le visage… Lorsque je rencontre Amanda en août 2001, je sais que c'est elle. Deux jours plus tard, je lui dis qu'on aura deux enfants…

Bruel dit ce qu'il fait, Patrick fait ce qu'il dit. Deux ans plus tard, à quelques jours près…

C'était tellement fort… C'était la nuit. Juste après la canicule, le 19 août 2003… Entre une heure et quatre heures du matin… Tu as des mondes qui s'entrechoquent dans ta tête et en même temps, tout est balayé quand il arrive… Cette impression de n'avoir jamais aimé avant et, tout de suite, cette nouvelle peur, qu'il puisse arriver quoi que ce soit. Et tu sais instantanément que c'est pour la vie.

Tu as assisté à tout l'accouchement ?

Derrière le drap. Du côté de la tête d'Amanda. J'essayais de filmer tant bien que mal, plutôt mal d'ailleurs… J'ai les 26 premières minutes d'Oscar…

Tu as réussi à filmer !

Malgré mes larmes… Le premier regard, l'enfant posé sur sa maman… La sage-femme, le cordon que je coupe, le premier bain et puis Oscar dans mes bras… Le premier message, à mon frère David : j'aimerais bien le réécouter, ça devait être quelque chose… Je me suis dit que c'était impossible d'aimer un autre être autant que celui-là…

…

Quand j'ai su qu'on allait avoir un autre garçon, j'ai même eu une appréhension… Et puis Léon est arrivé. Et j'ai compris qu'on ne partage pas son amour entre ses enfants, on le multiplie… C'est incroyable la place que ça prend !

Après les enfants, il y a la vie, dont on ne fait pas toujours ce qu'on croit. On peut être mariés, complices, fusionnels, on peut écrire des chansons ensemble et se protéger et se conseiller, et puis un jour, on se sépare, et cela ne regarde personne. Patrick et Amanda ont divorcé, et ce qui était un couple est devenu une autre complicité, différente mais évidente.

Les enfants, tu les as une semaine sur deux ?

Oui. Une garde partagée. Tous les pères n'ont pas cette chance. Mais toutes les mères qui divorcent n'ont pas, pour leurs enfants, l'intelligence d'Amanda.

Des parents scotchés à vie ?

Forcément.

Elle te manque ?

Ne pas partager instantanément ce que disent ou font les enfants est très frustrant. Alors on s'appelle pour se raconter, extatiques, la dernière réflexion « inouïe » de l'un ou de l'autre. Elle m'a dit un jour : « Heureusement qu'on se parle parce que je ne vois pas qui supporterait de nous entendre parler autant de nos enfants ! » Vu qu'ils sortent des trucs insensés toutes les cinq minutes, il faut se faire violence... Sinon c'est invivable pour nos conjoints respectifs.

Ou alors, remettez-vous ensemble !

On est formidable avec les enfants, on ne l'était plus ensemble.

Et Céline ? Comment s'en sort-elle avec Oscar et Léon ?

Plutôt bien, même si ce n'est pas toujours facile. Ils s'apprivoisent, ils se testent, se séduisent, et la confiance s'installe. Elle les aide pour le solfège, le chinois (Oscar a chinois obligatoire du CE2 au CM2 !), et Léon a envie qu'elle lui prête son saxo...

On est partis sur le côté, ça nous arrive assez souvent en somme, mais quiconque a des enfants ou une vie complexe pigera. Avant, on parlait de l'harmonie retrouvée, des années de la quarantaine, dont Patrick parle comme d'un immense soulagement...

Autour de l'an 2000, tu es à nouveau bien...

Ce sont des années apaisées. L'album est un succès comme je le souhaitais, artistiquement pur, où je me retrouve. La tournée qui va s'ensuivre est magnifique. Je fais des choses qui me plaisent. C'est l'époque où je tourne un très beau film de Gilles Paquet-Brenner, *Les Jolies Choses* – le premier grand rôle de Marion Cotillard. J'ai fait *Le Lait de la tendresse humaine*, l'année précédente, avec Dominique Cabrera. Je me recentre sur des choses très artistiques. En mai 2002, je sors l'album *Entre deux*. Je joue *Le Limier* avec Jacques Weber. Ce succès me plaît d'autant plus qu'il me ressemble. Je suis content de ce que je véhicule. J'aime la relation que j'ai avec le public, les médias, les gens du métier… tout me va !

La quarantaine te va bien ?

Ce n'est pas mal.

En voilà un qui ne connaît pas la crise de la quarantaine !

Un peu quand même. A la sortie de *Juste avant…*, je fais le 20 heures de Chazal. Et elle le présente comme « l'album d'un quadra ». Je me liquéfie sur mon siège.

A cause de l'idée, mais en réalité tu vas bien !

Je vais mieux qu'à 30 ans, je vais… comme à 20 ans !

Etre bien, serein, on en est tous là, le tout est de conserver le nirvana, et de ne pas s'y endormir. Amusant de revivre Patrick dans sa zénitude, dans ces années 2000 où – comme il le pressentait – l'actualité bascule. Dans un premier temps, les malheurs du monde ne l'attraperont pas, tout à l'émerveillement d'être revenu. Ensuite, c'est autre chose. Et la félicité peut aussi démotiver… Quand nous nous parlons, au cœur de 2010, Patrick se colle des angoisses pour relancer sa machine. Il est au début d'un nouvel album comme au pied d'une montagne désirable et épuisante à la fois... Il doit écrire des chansons, des textes, il en meurt d'envie, mais contemple son désir sans oser l'aboutir. On se ressemble alors, pour des raisons différentes. Quand nous parlons, j'accroche au mec, mon pote, et à ce que nous échangeons, mais je n'arrive pas à commencer l'écriture du livre, ce qui l'inquiète, mais qui est-il pour m'en vouloir, lui qui n'écrit pas ses chansons ! Si je reviens sur cette aboulie partagée, que nous meublons de confidences de mec, je vois, de mon côté, le refus de construire, ou l'incapacité à le faire, après le malheur... Conclure un livre après la mort de Valérie, c'est accepter l'inacceptable, et il faudra du temps pour que je sorte de ce refus. Chez Patrick, je perçois autre chose, un désamour pour les guerres des mots, peut-être, quelque chose d'émollient. Il parle souvent de ses fils, est tellement nostalgique des moments apaisés, que je me demande si la « grinta » n'a pas disparu.

Est-ce que tu redoutes de ne plus savoir écrire, parce que tu es trop bien, tu es amoureux, tu as tes enfants, d'autres centres d'intérêt ?

Ce n'est pas à moi que le bonheur pose problème, mais aux autres ! Mon album de 2006, *Des souvenirs devant*, c'est un album en apparence apaisé, l'album d'une rencontre, d'une nouvelle vie, de la paternité, mais aussi du monde qu'on propose à nos enfants...

Et il a marché, celui-là ?

Un peu moins bien, les gens s'y sont peut-être moins retrouvés. Et en même temps, ce n'est pas un album niaisement heureux. C'est dans ce disque que je parle des émeutes de 2005, que je reprends Hugo et le

« peuple impopulaire »... Et puis cette chanson « Adieu », à propos du 11 Septembre, de l'attentat de la gare d'Atocha à Madrid, des attentats en Israël... Mais ce n'est pas ce qu'on a retenu. Je l'ai réécouté il y a quelques jours ; je l'aime vraiment beaucoup, cet album.

« Elle vient de partir de chez elle, Un croissant, un éclat de rire, Son mari lui dit qu'elle est belle, Mais dans une heure elle va mourir », chante Patrick, pensant à une victime d'Atocha. La collision entre sa bulle de bonheur et le monde qui valdingue. « Nous sommes tous dans le noir, Je n'ai plus de questions, le sang se mélange à la terre »...

Donc tu as une vraie question : et si ce que j'avais à dire, si ce que je ressens ne touchait plus les autres ?

C'est une angoisse qu'ont tous les créateurs avant de se remettre au travail. Et si je n'ai rien à dire, je ne vais rien écrire. Mais, moi, en ce moment, ce n'est pas que je n'ai rien à dire, c'est que je ne sais pas comment le dire. Ce n'est pas pareil. Pas pareil du tout !

Nous y voilà donc, et ce « je ne sais pas » nous a accompagnés des semaines. Il faut toujours de bonnes raisons pour écrire : le Patrick gamin avait le monde à prendre, le Patrick quadra avait le monde à reprendre... Mais le quinqua Bruel se cherche des raisons de souffrir sur ses mots, ou les moyens de s'en convaincre. Je le vois, jour après jour, culpabiliser de ne pas produire ses rations de vers, mais la culpabilisation, je comprendrai ensuite, est aussi un moteur. Il va se mettre en colère contre lui-même, pour mordre à nouveau. Son mental est au diapason de son écriture.

Ça m'énerve ; ça me fait tout mal vivre.

Le fait de ne pas écrire ?

Le fait de ne pas écrire, de ne pas avoir bouclé cet album…

Tu n'y arrives pas ?

Je ne m'y mets pas. C'est mon frère qui a raison. Quand je lui dis : « Je n'arrive pas à écrire », il me répond : « Oui, je comprends, mais essaye, au moins ! »

Lequel des deux ?

David… « On peut dire qu'on n'y arrive pas quand on a essayé, qu'on s'est immergé et qu'on n'a pas réussi ! Mais toi, tu ne l'as pas fait. Quand tu te concentres, tu écris… »

Donc tu as ta réponse…

Donc il faut que je m'y mette. Mais ça revient au problème de temps. Je ne travaille pas assez, et dans l'urgence on est quand même moins bon…

…

En tout cas, moi, je suis moins bon. Il y a plein de contre-exemples, mais…

Mais tu sais où tu voudrais aller ?

J'ai un bon album entre les mains ! Je crois que j'ai de très bonnes musiques. Peut-être les meilleures que j'aie jamais eues… Je les ai composées il y a un moment déjà, elles sont prêtes et j'ai du mal à mettre les mots dessus, à formuler…

Tu fonctionnes dans ce sens ? La musique puis les paroles ?

C'est variable, mais en général, oui… Parce que je termine les musiques assez vite.

Mais tu ne sais pas de quoi parle cette musique ?

Pas vraiment, même si une musique dit toujours quelque chose. A moi de déceler ce qui a été le déclencheur. Tu peux aussi la jouer à deux-trois personnes et leur demander ce qu'elle évoque pour eux. Tu peux avoir de bonnes surprises. Un peu comme l'art contemporain, parfois… *(Il sourit.)* Mais de toute façon, le bon sujet ne suffit pas, le plus dur à trouver, c'est l'angle, le point de vue. Une fois que c'est fait, j'écris plutôt vite.

Donne-moi un exemple.

J'ai essayé d'écrire une chanson sur le problème de l'eau… J'ai le thème, la musique qui me paraît être la bonne…

Mais tu n'as pas le texte.

Pour l'instant, pas d'angle, donc pas de texte. Expliquer qu'on va manquer d'eau et que des milliers de gens en meurent, c'est plus un édito qu'une chanson ! Donc je suis obligé de trouver quelque chose. Et je n'y arrive pas, pour l'instant. Je cherche, j'ai essayé plusieurs trucs, je tourne autour du pot… Mais ça va venir… ou pas.

On pourrait les enquiller à l'infini, nos échanges sur l'album qui avance, qui n'avance pas, qui sera repoussé finalement, qui existera pourtant… Aujourd'hui, automne 2011, l'album a pris corps dans sa tête et son cœur, et quand le livre sortira – quand tu le lis, camarade curieux, Patrick sera… est en studio. Si Dieu veut, comme on dit chez nous ! Mais reprenons. On n'est pas dans le making of, ici, mais dans la déconstruction de Patrick, qu'il scandait lui-même, d'entretien en entretien. « Alors ? », je demandais, pour prendre des nouvelles. Le plus souvent, Patrick fustigeait sa dispersion… Mais parfois, quelque chose était venu. Moment d'une vie d'artiste.

Tu as avancé sur ton album, là ?

Un petit peu.

Ça se sent. Tu as réussi à te lever à l'aube ?

J'ai appelé Benjamin… Je suis passé chez lui et on a fait une super journée de travail… On a maquetté quelques chansons.

Et tu as fait du texte ?

Oui, j'ai commencé deux ou trois trucs. Et j'ai découvert une chanson que mon frère a écrite. Je veux la mettre dans l'album.

Toute une histoire, cette chanson. La chanson de David, elle va réveiller l'envie chez Patrick, au cœur de cet hiver. Je vois soudain un prédateur joyeux et inconscient des autres s'extraire de l'auteur en souffrance, vouloir quelque chose, quelques notes, avec une passion que je ne lui ai encore jamais vue dans le présent.

Ce qu'elle est belle, cette chanson !

C'est quoi ?

Hier, j'étais chez David, pour un repas de famille. Et il m'a dit :

« Tiens, écoute ça ! »

J'étais bluffé :

« Formidable ! Très Beatles, très sympa !

— Je l'ai écrite pour une fille...

— Ben, c'est un garçon qui va la chanter ! »

Et tu penses que tu la chanterais mieux qu'elle ?

Non !

Alors pourquoi veux-tu la lui piquer ?

Parce qu'elle est très chouette et qu'elle s'intègre très, très bien à ce que je veux faire avec cet album !

Oui, mais elle a peut-être sa place dans l'album de la fille !

Bien sûr ! Mais c'est un choix que seul David peut faire !

C'est la guerre ?

Pas la guerre, mais c'est normal quand on écoute une chanson qui nous plaît de la vouloir... Maintenant c'est à lui de décider.

C'est une bonne chanteuse ?

J'en sais rien. Je ne la connais pas ! Si ça se trouve, c'est Céline Dion...

Il était emmerdé, David, quand tu lui as demandé la chanson ?

Oui et non... ! S'il n'avait pas du tout envie que je la chante, il ne me l'aurait pas fait écouter ! Maintenant si la fille l'a entre les mains, et qu'elle a comme moi un coup de cœur, ça va être compliqué...

C'est la guerre !

Quand on veut vraiment quelque chose, on se bat.

Oui, comme un salaud !

Ah non ! Il n'y a rien de salaud là-dedans !

Un prédateur ?

Vraiment, il n'y a rien de salaud là-dedans !

Tu es devenu dur, là ! J'ai dit salaud exprès, et ton regard est devenu dur !

Oui, parce que c'est...

Ça fait enfant gâté, quand même...

Peut-être... Mais pas salaud !

Je pense à la fille, moi, qui attend sa chanson...

T'as bloqué sur elle ou quoi ? Ça t'excite de défendre une belle inconnue maltraitée par la méchante star ?

Ça t'est déjà arrivé d'être comme un fou sur une chanson ? On se bagarre souvent entre chanteurs pour ça ?

Non, les chansons ne passent pas de main en main. Et moi, je compose, donc c'est très rare que ce problème surgisse. Là, j'ai un vrai coup de cœur. J'en ai eu un autre pour une chanson anglaise – qui ira bien avec la chanson de David. Elle a été écrite par Romy, mon guitariste.

Je dis une bêtise ? Ça ne peut pas se partager, une chanson ?

Si, si ! Mais elle ne peut pas être créée par deux personnes en même temps.

Quand tu en parles, tu es vraiment excité.

Je suis enthousiaste ! Je communique mon enthousiasme. En plus, c'est bien pour David qu'il sente que ses chansons sont jolies…

Il ne le sait pas ?

Il ne sait pas si elles ont un potentiel. Il doute toujours un peu de l'efficacité de ce qu'il fait. Parfois, c'est un peu trop recherché.

Ce qu'il me montre, dans cet épisode, me gêne et me touche, me rassure sur son envie mais me fait réaliser l'égoïsme sacré de la star, ou de l'artiste… Tant pis pour la gamine. Patrick est là, Patrick aime. Il joue de l'affect et du droit d'aînesse, et de l'avantage de position. En même temps, ce qui brille dans son œil, ce jour-là, cet amour pour ces notes qu'il veut faire siennes, révèle l'enfant et le grand séducteur. Don Juan de la chanson, Patrick. Mais aussi un gamin, qu'on croirait simplement capricieux s'il n'était pas, au fond, absolument sincère. C'est l'étincelle du désir qui gomme le côté violent de la séquence. Patrick s'émerveille d'être encore désirant, et tout lui sera grâce si la musique redevient bonne. Autre chose aussi. Serait-il sûr de lui, de ses textes et de son art, il serait insupportable de le voir s'accaparer les notes de David. Mais Patrick est pétri de doutes, traversé de trop de failles, a fortiori quand il les nie. Chaque album le remet en jeu. Il aborde les gens, les chanteurs, les collègues, comme s'ils avaient encore quelque chose à lui apprendre – mais quoi ?

Ce n'est pas facile de tout arrêter pour écrire. Pourtant, les autres y arrivent bien. Regarde Cabrel, Aubert ou Souchon… Quand ils me racontent leur processus de création, ça passe toujours par un isolement total.

Avec Souchon, vous parlez de ton mal d'écrire ?

Chaque fois que je le croise, il me dit : « Qu'est-ce que tu fais en ce moment ? J'espère que tu écris des chansons ! »

Patrick joue bien la scène, pour la désamorcer ou se l'approprier, parce qu'il aime jouer tout simplement, et commence à imiter la voix de Souchon.

« Il faut que tu écrives des chansons ! »… C'est gentil de me dire ça… Je crois qu'il m'aime bien.

Et tu réponds ?

La vérité :

« J'ai toutes mes musiques mais j'ai beaucoup de mal avec les textes ! Au fait, vous, vous faites toujours pareil avec Laurent ?

— Ah, oui, nous on part, on s'isole, on va dans une maison… On se promène, on discute, et ensuite on rentre, on écrit chacun de notre côté, et puis ensuite ensemble… Mais on est constamment sur la chanson. C'est ce que tu dois faire, il faut que tu t'isoles. Sinon tu ne peux pas… »

Tu le savais déjà, non ?

Mais bien sûr que je le sais ! Aubert m'a dit la même chose, et Cabrel aussi… Je les ai vus sur les Restos du Cœur…

Et tu en fais quoi, de ça ? Est-ce que tu dis « Je vais le faire ! », est-ce que tu appelles Françoise pour qu'elle t'organise ça ? Tu dis à Françoise : « Trouve-moi une maison une semaine » ?

Françoise est une grande sœur et son assistante et plus que ça, qui le protège comme elle peut des assauts du monde, mais qui ne peut pas le protéger de lui-même.

Non. Je lui dis : « Ne mets rien du 2 au 22. » Tu vois, on est déjà le 4 ! Et ça fait deux jours que j'ai des rendez-vous ! Et puis comme j'ai mes enfants, une semaine… Je me suis fixé un objectif jusqu'à dimanche. Dimanche soir, il faut que j'aie terminé la chanson de David.

Quelques jours ont passé depuis son coup de foudre pour la chanson. En doutait-on ? Patrick a gagné.

D'ici dimanche je voudrais essayer d'avoir fini le texte. Le présenter à David lundi, aller chez lui, faire une voix sur sa musique… D'abord pour lui prouver que ce n'est pas un caprice passager… Cette chanson, je l'ai intégrée ! Ce matin, en emmenant les enfants à l'école, je l'ai mise exprès dans la voiture. Et Léon a dit : « Ah, c'est celle de David ! » Et Oscar : « Elle est trop bien ! »

Et Patrick est soudain là. Il toque aux portes des aînés, Souchon ou Aubert, comme s'il n'était pas leur pair, mais l'encore apprenti, qui va chercher une martingale gagnante chez ceux qui savent, comme s'ils étaient exempts de doutes.

Tu leur as demandé comment ils travaillaient, eux, parce que tu flippais ?

On a parlé un peu… J'aime connaître leur façon de travailler. Jean-Louis m'a dit qu'il avait écrit vingt-trois chansons en dix jours, seul, en Provence ! Il m'en a joué trois à la guitare… Son album est magnifique !

Tu te fais du mal, là !

Je me motive.

Tu es un hypocondriaque qui tourne autour des chansons qu'il n'écrit pas…

C'est cela, oui… !

Alors, je poursuis : et tu as peur que les chansons que tu écrirais ne soient pas assez bonnes à tes propres yeux : et donc tu ne les écris pas pour éviter de te planter !

Il y a du vrai là-dedans… La peur de mal faire… Mais j'ai des musiques vraiment fortes, donc j'ai envie que les paroles soient à la hauteur.

C'est marrant. Par moments, on oublierait que tu es aussi une star, que tu as un passé, des dizaines de succès… Tu oublies que tu es Patrick Bruel !

Non. Et même si je l'oubliais, il y a toujours quelqu'un pour me le rappeler… Et puis, qu'est-ce que ça change ? Le fait d'être connu devrait modifier quoi que ce soit ? Mais en même temps, tu n'as pas tout à fait tort. L'autre jour, on parlait de mon album, David lance : « Pourquoi on ne travaille pas avec Nigel Godrich ? »

Qui ?

Godrich, un Anglais, un très grand qui a produit un des meilleurs McCartney. « Mais pourquoi voudrait-il travailler avec moi ? » Et David a répondu comme toi : « Pour plein de raisons. Et aussi parce que tu es Patrick Bruel. »

L'homme qui oublie qui il est…

Je n'oublie pas qui je suis, mais parfois ce que je représente… Je suis souvent guidé par la peur du refus. C'est en ça que le poker, avec sa prise de risque, est parfois une bonne thérapie.

Tu es sûr que tu estimes ton talent ?

Oui, mais quand j'écoute Brassens ou Chopin, j'ai plus de mal à accepter mes textes ou mes musiques… Un petit coup de blues, et je me reprends. On m'aime pour ce que je ressens et ce que je transmets de mon époque, et je n'ai aucune raison de ne pas en être fier… Mais j'ai du mal à penser que des artistes confirmés aient envie de travailler avec moi.

Pareil au cinéma, quand il faut décrocher des rôles ?

Pire ! Je crois que je suis encore plus inhibé ! Mais paradoxalement, quand j'ai dû convaincre des politiques, les décideurs, pour l'ouverture du marché des jeux en ligne, j'y suis allé sans aucune réserve parce que ça n'engageait rien de personnel, ou plutôt rien d'intime… Jeune, j'arrachais tout. Aujourd'hui, j'attends qu'on vienne me chercher. Je suis peut-être tout simplement plus paresseux…

Toujours la même question, tu doutes de toi artistiquement ?

Et toujours la même réponse : non !… Et en même temps, oui !… C'est bien de douter ! Les gens qui ne doutent pas sont insupportables, et encore plus quand ce sont des artistes.

Tu as des regrets ?

Je fais tellement de choses que je n'ai pas le temps pour les regrets. Mais parfois, j'ai le sentiment de n'avoir pas accompli tout ce que je pouvais faire. Un acteur doit tourner plus de films, jouer plus de pièces, un chanteur sort plus d'albums. Moi, le fait de faire les deux, même si c'est un rêve, me pénalise quelque part… Au cinéma, je n'ai pas fait le dixième de ce que je pouvais accomplir. Et il y a tellement de metteurs en scène avec qui j'aurais voulu ou je voudrais travailler…

Ils ne te voulaient pas ?

Ou je ne pouvais pas ! Quand Peter Brook me propose de jouer Caliban dans *La Tempête* en 90, ça tombe en plein Zénith, et je suis obligé de décliner… C'est vrai aussi que beaucoup de metteurs en scène ont eu peur de l'image trop forte du chanteur... Que Bruel éclipse le personnage, ou le film... A l'image de Patrice Chéreau qui fait machine arrière au dernier moment, après avoir annoncé que je serais Henri de Navarre aux côtés d'Adjani, dans *La Reine Margot*... D'autres ont été moins frileux, comme Deville, Chabrol, Thompson ou Miller... Et à l'arrivée, je crois que personne n'a vu un chanteur sur l'écran. J'ai toujours été agréablement salué par les critiques. Même si parfois, dans le métier...

...

Quand *Un secret* est nommé onze fois aux césars, je ne le suis pas. Tout le monde est potentiellement récompensé... sauf moi ! Encore une petite claque. Ça me rend triste... Pas le fait d'être privé de statue, mais de sentir que pour les gens du métier, ceux qui arbitrent, je ne fais pas vraiment partie de la famille du cinéma...

Pourquoi ?

Je ne sais pas... Par ma faute peut-être. J'ai un parcours qui ne ressemble à aucun autre. J'aurais pu faire comme Montand : arrêter complètement la chanson pendant quinze ans, pour ne plus être qu'acteur de cinéma...

Et pourquoi pas ?

Parce que je ne le veux pas ! Pas question d'abandonner les concerts !

Compliqué d'être reconnu partout… Il y a eu Sinatra…

Non ! Sinatra est beaucoup plus chanteur qu'acteur. Quand tu penses Sinatra au cinéma, il n'y a qu'un film qui te vient : *L'Homme au bras d'or*. Alors qu'en chansons…

C'est un autre classique du surdoué qui pense qu'on l'ignore, qui sait ce qu'il vaut mais les autres le savent-ils ? Après les aveux de doute, l'orgueil revient d'autant plus fort ; et Patrick assume d'autant mieux ses conflits, se proclame d'autant plus conscient d'être Bruel qu'il vient d'avouer ses affres. Il ne masque rien, et s'abandonne, à moi ou aux autres. Il se renforce de s'abandonner…

Tu me feras écouter la chanson de ton frère ? Tu me l'envoies par mail ?

Non ! C'est impossible ! Tu ne peux plus demander ça à quelqu'un. A une époque, oui ! Les chansons étaient déposées, on ne risquait pas grand-chose. Au pire, tu te faisais piquer une idée, pas une chanson. Aujourd'hui, c'est différent : Internet a changé la donne. Si la chanson encore inaboutie se retrouve malgré toi sur la Toile, tu ne contrôles plus rien.

Les chansons sont à tout le monde, maintenant ?

C'est un long débat et il est loin d'être clos. En revanche, quoi qu'il arrive, elles n'ont rien à y gagner si elles ne sont pas prêtes à être entendues. Cette chanson, elle n'est pas finie, pas arrangée. Je déteste laisser partir une chanson tant qu'elle n'est pas finie. L'écouter dans la voiture, avec toi, d'accord. Mais la laisser partir dans la nature, non !

Mélange de réalisme et de fraîcheur, encore. Bruel maîtrise l'époque, elle lui déplaît, au fond, mais a-t-on le choix ? Il veut la maîtriser au nom de ses valeurs d'artisan des mots. Il est, dans cette période d'avant la création, d'une précision et d'une intelligence acérées sur son métier : ce qu'est une chanson, ce que sont les auteurs, ce que valent ses contemporains… Il est vieux sage et mémoire de son art, et en même temps éternel apprenti. Je vois Patrick changer de personnage, pratiquement à la minute, au fil de la conversation. Il peut porter jugement sur les autres et lui-même, au nom de ses trente années de chanson, et se trompera peu. Et l'instant d'avant, l'instant d'après, s'en aller chercher un secours ou une confirmation chez d'autres artistes, attendris ou surpris, peut-être, de voir Bruel en état de doute… Il demande, souvent, beaucoup, mais pas des conseils, juste de l'estime, des preuves d'existence. Il faut l'amour des autres pour être sûr d'être soi… Et mon pote, star française et au-delà, est ému comme un débutant d'une gentillesse de Souchon ou de Cabrel, ou d'une parole de Goldman. La place des grands hommes dans sa construction… On a aussi parlé des autres, lui et moi, et notamment de Goldman qui me titillait – leurs parallèles, leurs ressemblances : Jean-Jacques, qui ravissait la France avant que Patrick ne l'emmène guincher, un peu plus vieux que lui, 8 ans… Goldman le début des années 80 où tout recommençait, Bruel arrivé à la fin… Goldman, grand ordonnateur des Restos du Cœur, où Patrick s'en va chanter, Goldman, juge de paix, des petites bandes des chansons françaises, incontestable du milieu… On est parti là-dessus.

Goldman a toujours le même statut aujourd'hui ?

Si tu touches à Goldman, c'est à toi que tu fais mal.

Pourquoi ?

Parce qu'il est intouchable ! Et puis, qu'est-ce que tu veux dire sur lui ?

Et qu'est-ce qu'on peut dire sur toi ?

Je n'ai pas le même crédit…

Qu'est-ce qu'on peut dire sur Souchon ?

Rien de mal !

Goldman a installé un tel rapport de forces, son image est telle, qu'il est réputé parfait ?

Il ne fait pas beaucoup de fautes ! Tant sur le plan humain que professionnel…

Saint Jean-Jacques ?

Pas un saint, juste un mec bien, dans son comportement avec les autres, dans sa manière de gérer les conflits, de s'adresser aux gens, de respecter ceux avec qui il travaille, même sa façon d'engueuler un mec qui a pas bossé sa choré pour le spectacle des Enfoirés ; en l'occurrence moi… C'est très joli la manière dont il fait les choses, il aide les gens. Il agit dans l'ombre, sans rien revendiquer…

Donc Goldman est un grand frère, dont on accepte même les remontrances. L'autre constat, c'est que Patrick ne peut pas s'empêcher d'être différent, l'élève surdoué qui se met à la faute en n'apprenant pas sa « choré », mais ça va passer, si on l'aime…

Et les choses particulières que Goldman a faites pour toi ?

La première, janvier 98 aux Restos du Cœur. J'étais en train de préparer *Juste avant…*

L'album du retour…

En plein doute, comme toujours. Lui venait de sortir ce très bel album, *En passant*, avec « On ira », « Sache que je »… Il était assis près de la batterie. Je m'approche : « Je voulais te parler de ton album, je le trouve magnifique… » Il me regarde et me répond : « On ferait mieux de parler du tien ! »

Tu étais en panne ?

Je n'arrivais pas à finir. Jean-Jacques m'a demandé si ça allait.

« Oui… Mais c'est difficile. J'ai beaucoup de musiques, plein de choses, j'ai du mal à faire des choix.

— Tu veux que je regarde ? »

Il sort son carnet :

« Vendredi ? 15 heures ? Ça te va ? »

Et le vendredi, 15 heures, il sonne chez moi. On s'installe ; il a un papier et un crayon et je lui fais écouter… vingt-deux chansons !

C'est énorme, non ? L'équivalent de deux albums ?

Il faut se les colleter, vingt-deux chansons ! Au bout de trois heures, il me dit :

« C'est quoi le problème ?

— Je ne sais pas…

— Tu es fou ! Il y a tout ! Ça va être énorme ! »

Je lui explique que je n'arrive pas à finir certaines chansons :

« Celle-là par exemple, j'ai du mal sur le refrain, tu ne veux pas m'aider ?

— Je ne vais pas t'aider. Elle est finie… Il suffirait que je mette cinq lignes dedans pour qu'on dise que j'ai écrit ton album, alors que tu l'as fait tout seul ! Je ne vois pas l'intérêt, c'est stupide ! Par contre, sur vingt-deux chansons, il y en a qui me paraissent plus intéressantes : voilà la liste, mais ça n'engage que moi… »

La classe !

On descend et je lui dis : « Attends, il y en a une dernière. » Et je lui chante « Je te mentirais » :

« C'est une chanson importante pour moi… J'ai un petit souci sur la fin, je n'y arrive pas…

— Eh bien, inverse ! Inverse ces deux phrases et tu lui donnes tout son sens. »

Comme je l'avais déjà écrit au dos de l'album : « Merci à Jean-Jacques d'être passé par là. »

Ça ne se fait pas si souvent, d'aller dépanner un collègue, chez vous ?

Ça m'est arrivé… Mais l'élégance de Jean-Jacques a quelque chose d'unique. Une manière de te donner sans jamais rien te prendre, sans rien demander. Je l'ai constaté à nouveau deux ans plus tard, quand j'ai fait *Entre deux…*

Goldman est dessus…

Pas seulement lui. Pour cet album, je rendais hommage aux grandes chansons françaises, je voulais avoir les gens que j'aimais, qui avaient compté d'une manière ou d'une autre dans mon parcours. A l'arrivée, la liste est magnifique. Et je voulais que Jean-Jacques soit là. Et il ne fait pas facilement ce genre de choses. Je finis par me faire violence et lui demander :

« Voilà, je fais un album…

— Oui, je suis au courant. C'est un beau projet.

— Est-ce que tu en ferais partie ?

— Tu as pensé à une chanson pour moi ?

— Je voudrais qu'on fasse ensemble "Le Temps des cerises". Ça aurait un joli sens. »

Et il te dit oui…

On a chanté ensemble. Et c'était magnifique. David m'avait dit : « Si tu fais cette chanson avec Goldman, j'ai presque envie de n'entendre que vos deux voix. Je vais vous proposer l'arrangement le plus minimaliste possible. » Juste contrebasse-voix… Un moment de grâce…

Il suit ce que tu fais depuis longtemps ?

Mon premier Olympia. Goldman est là, mais je ne le sais pas. On se croise peu de temps après, il me dit : « Ce que tu viens de faire avec un tube et demi, je ne l'ai pas fait avec cinq tubes en béton ! Si tu as une chanson forte, il va se passer quelque chose d'énorme ! »

Qu'est-ce qui se passe entre deux jeunes gens que la gloire saisit, dans les naïves années Mitterrand ? De tous les papas de rencontre que Patrick s'est choisis, l'autre chanteur des jeunes filles en cœur est le moins âgé, et le plus logique. Quand Patrick en parle, à petites phrases comme on avance à petits pas, on devine encore ce qu'un mot a pu faire, et comment un mot, un signe, peut suffire à le conforter… Ce n'est pas seulement Goldman qui induit cela, mais

Bruel, qui invite la générosité des autres pour pouvoir exister, qui s'offre tout entier pour recevoir ceux qu'il choisit. Par moments, dans notre petite histoire à nous, si on se voyait moins, j'avais l'impression de lui manquer.

Tu as succédé à Goldman comme l'idole des foules. Et qui t'a succédé ? Qui a été le Bruel après Bruel ?

...

Patrick hésite, par refus d'avoir une suite, par pudeur, par peur de se tromper ?

Alors qui après toi ?

Je ne me pose pas trop la question de savoir qui prend la relève, je me pose la question de savoir comment continuer, moi !... Sinon, franchement, ce n'est pas le nouveau Bruel que je cherche, mais plutôt un nouveau Kurt Cobain. Quelqu'un qui apporterait un nouveau souffle au rock... Et là, je ne vois rien venir. Je vois des phénomènes de masse, des artistes de danse ou de réseaux sociaux, Lady Gaga, Black Eyes Peas, Rihanna... C'est sympa, fédérateur et entraînant. Mais ce n'est pas la révolution.

Le métier a changé ?

Il est différent, la crise du disque a emporté bon nombre d'artistes. Elle a modifié pas mal de critères et notamment celui de la relation à l'argent et à la célébrité. Elle a fait naître des vocations différentes. Celui qui veut être chanteur aujourd'hui sait qu'il a devant lui un véritable chemin de croix qui ne sera pas forcément facilité par le disque et les passages radios. Ce sont ceux qui seront capables de remplir une salle et de fidéliser les gens qui resteront…

Ainsi va l'artiste, au moment où nous parlions. Souvent, quand on se voyait, j'avais envie de parler de l'autre Bruel, ce qu'il était devenu. Héraut et organisateur du poker à la française, sur les tables de jeu de Vegas ou d'ailleurs, puis sur internet. Le bouquin sous cette forme-là, il en avait eu l'idée en me croisant dans la cour de Matignon, moi sortant d'un rendez-vous avec un grand de la République, lui venant faire du lobbying avant l'autorisation des jeux et des paris en ligne. Rien de plus excitant que le business, même la musique ? Il n'aime pas forcément être devenu cela, un patron, un organisateur du cirque de ce monde. Quand je le cherchais sur le pok, il éludait, souvent, comme si ce n'était rien, ou pas lui, pas vraiment lui… Il n'arrivait pas à écrire, c'était la faute au jeu, au temps, à tout le reste en plus de l'essentiel ? Il fallait y arriver pourtant, à cette séquence du pok.

On voulait parler poker et, un jour, tu as dit : « J'ai honte. »

De consacrer du temps à parler poker alors que mon album n'est pas terminé !

Mais c'est ta vie, non ? Joueur de pok, et businessman… Tu es un homme d'affaires !

Non. Si j'étais un homme d'affaires, je saurais faire de l'argent avec l'argent. Moi, je sais avoir des idées et m'associer avec d'autres qui savent les rendre vivantes… Mais je ne sais pas gérer tout seul un business, ni l'optimiser.

Tu es sûr ?

Certain ! Je saurais peut-être le faire, mais je n'en ai ni le temps ni le plaisir. Je ne fais très bien que ce qui me fait plaisir.

Et le business, ça te fait quand même marrer !

Partir d'une idée et rejoindre les meilleurs pour la faire vivre, ce qu'on a fait avec Winamax, c'est une aventure humaine et professionnelle extraordinaire !

Les meilleurs ?

Marc Simoncini, le créateur de Meetic, qui, lui, m'a présenté Alexandre Ross et Christophe Schaming, deux des mecs qui avaient créé Caramail… Coup de chance… bonne pioche !

Juste de la chance ?

D'accord ! La bonne idée, l'énergie, l'intelligence d'aller vers un ténor du Net, Marc, l'enthousiasme pour le convaincre, l'instinct d'avancer avec Alex et Christophe, deux autres pointures, plutôt que de céder aux propositions mirobolantes des sites étrangers qui voulaient uniquement que je leur fasse de la pub. Ça m'amusait plus de partir à l'aventure, monter une boîte, ma première boîte Internet… Mais ensuite, ils ont géré la machine. Moi je prête mon image, je travaille avec eux dans les domaines qui sont les miens, mon savoir sur le poker, la promotion, quelques relations… Mais businessman, non. Je ne crois pas qu'on puisse me percevoir comme ça !

Etre ou ne pas être businessman, quand on est tant de choses à la fois, et qu'on voudrait être auteur, au fond.

Au moment où il peine sur son album, Patrick doit conclure l'installation de Winamax dans le marché du jeu en ligne. Il bouclera ce dossier avant l'album... N'y revenons pas ; il a fait le choix si jeune de ne pas choisir, Beatles et Stones à la fois, on se souvient ? Etre éclectique, et tout aimer, et même si l'on préfère, aller au bout... L'autre drame des surdoués, mis à part le fait qu'on ne les comprend jamais assez, c'est de réussir trop de choses à la fois, et quand on est bon, comment choisit-on ?

Le poker, c'est la moitié de ta vie et l'essentiel de tes revenus...

Mais pas du tout, t'es dingue !

L'essentiel de tes revenus.

Non...

Comment ça commence ? C'est un jeu d'abord ?

Ça commence à l'âge de 8 ans par les échecs. Et puis, de temps en temps, la petite partie de cartes en famille après le dîner. Les oncles qui jouent un peu, poker, belote, rami. Je regarde. Je joue parfois... avec des cacahuètes ! Après, il y aura René, le beau-père de ma mère.

Celui qui avait été résistant...

Celui-là même qui a dit à ma mère : « C'est fou ce qu'il a le sens des cartes ! » La même année où mon prof de musique lui dit : « C'est fou l'oreille qu'il a ! »

Les bonnes fées de ton destin… Tu disais qu'au début, c'étaient les échecs ?

Je jouais beaucoup, gamin. J'avais même créé le club d'échecs à Henri-IV quand j'étais en troisième. On avait fait venir un maître d'Union soviétique, qui avait joué dix parties en simultané… C'était déjà impressionnant. Mais ensuite, il a tourné le dos aux échiquiers et il a fait dix parties à l'aveugle ! Extraordinaire !

Pourquoi arrêtes-tu les échecs ?

Je n'arrête jamais vraiment mais je ne trouve pas facilement de partenaire chez mes copains. Et puis, ça y est, c'est l'époque où tu commences à sortir, les boums, les filles. J'ai moins de temps pour me concentrer sur des longues parties. Et puis je viens d'apprendre la guitare. Donc je suis beaucoup plus sur mes chansons… Et je commence le poker à 16 ans, au lycée ; on joue, ça fait de l'argent de poche quand on gagne…

Vous jouez du blé si jeunes ?

Au lycée !

Les échecs, tu joues encore ?

C'est par périodes, les échecs. Si je trouve un partenaire sympa… Un échiquier à Washington Square, à New York… Ou un acteur sur un tournage. Je me suis fait des parties magnifiques avec Roland Blanche, pendant *Le Jaguar*. J'étais un peu sa conscience sur ce film : je l'empêchais de fumer et de boire ! J'adorais ce mec. Il avait compté pour moi en 75, année décidément fondatrice, quand je l'avais vu dans une pièce géniale, *Jacky Paradis*, de Jean-Michel Ribes et Jean-Claude Vannier, au Théâtre de la Ville, avec Gérard Desarthe. J'étais très ému de tourner avec lui. Mais je savais que le moindre écart pouvait lui être fatal, il sortait d'un triple ou quadruple pontage, alors, en pleine partie, je lui mettais la photo de ses enfants sous les yeux dès qu'il prenait un verre ou une cigarette : « Hop, regarde ! Arrête ! » Et je lui piquais sa reine !

Tu aurais pu être champion d'échecs, ou tu n'avais pas la constance ?

Si je n'avais fait que ça, peut-être…

Mais tu les as abandonnés…

Non, je joue avec mes fils… Et j'ai insisté pour qu'on prenne une championne d'échecs dans la *team* Winamax.

Par fidélité ?

Par logique. Pour moi, il y a un lien direct entre le poker et les échecs. Il y a trois jeux qui sont très liés : bridge, échecs et poker. Trois jeux où l'on réfléchit, où l'on est décisionnaire, où l'on doit user de stratégie…

On n'est pas décisionnaire puisqu'on dépend du hasard des cartes ?

Le hasard est présent au poker, mais il n'est pas déterminant. A fortiori quand le niveau de jeu est élevé, contrairement au craps, à la roulette… Même si t'as envie de mourir quand le type en face de toi a une carte dans le paquet pour te battre et qu'il la trouve… *That's poker !* Si tu ne supportes pas les *bad beat*, tu joues aux échecs… Mais on ne peut pas classer le poker dans les jeux de hasard puisque c'est la stratégie qui fait la différence.

Tu es sûr ?

C'est vérifié ! Nous avons fait une tentative très concluante avec Almira Skripchenko, grand maître moldave. Une des meilleures joueuses du monde d'échecs, qui se passionne pour le poker ! Quand on a monté la *team* Winamax, j'ai demandé à ce qu'elle soit intégrée et sa progression est fulgurante…

Tu la connaissais d'où ?

Elle assistait à un tournoi à l'Aviation Club de France ; de là où elle était, elle pouvait voir mon jeu. A la pause, on a bavardé et elle m'a impressionné par son sens stratégique. Elle m'a parlé de son parcours et de son désir de bifurquer vers le poker.

C'est une jeune ?

A l'époque, elle devait avoir 23-24 ans. Elle doit avoir 28 ou 29.

Patrick, c'est la marque de l'âge mon pote, rajeunit les gens. Almira Skripchenko est née en 76, ça ne lui retire rien, mais c'est marrant.

Toi, tu es joueur dans cette *team* ?

Moi, je suis le 14e de l'équipe.

Ça veut dire quoi le 14e ?

On a des numéros de 1 à 14. Et moi j'ai pris le 14. Cruijff ! J'ai donné le 1 à Michel Abécassis parce qu'il est cofondateur de la *team*.

Les échecs encore… Tu joues avec les enfants, me disais-tu…

J'ai commencé à leur apprendre. Et Almira m'a proposé de venir voir comment ça se passe.

C'est donc juste une des meilleures joueuses d'échecs du monde qui va s'occuper de tes fils !

Non. Ils ont pris les échecs dans les activités proposées par leur école. Mais c'est intéressant d'avoir le regard de quelqu'un de très confirmé.

Et toi, les échecs, tu y trouves quel plaisir ?

Stratégie, le côté analytique… L'obligation de prendre du temps… Le raisonnement plusieurs coups à l'avance…

Ça te sert ailleurs, dans la vie ?

Parfois, mais il faut être prudent, tout le monde n'a pas les mêmes codes et on peut se faire piéger ou se piéger soi-même très facilement. Sinon, bien sûr, ça peut être très interactif… et passionnant.

Et avec les gens qu'on aime, on apprend à être stratège, quand c'est pour le meilleur ?

Quand c'est pour le meilleur, oui… Mais avec les gens que j'aime, j'aurais plutôt tendance à avoir envie du contraire.

Ce n'est pas insincère ?

Toutes les vérités ne sont pas bonnes à dire, donc on peut parfois être très sincère avec quelqu'un et lui mentir pour le protéger…

Tu es passé des échecs, un exercice réputé noble intellectuellement, au poker, qui a une réputation plus triviale, de jeu de flambeurs...

De moins en moins !

Mais ce le fut ?

Evidemment, jusqu'à ce que la télévision ramène le poker sur le terrain du sport. C'est ce que j'ai apporté, moi. Quand j'ai proposé le World Poker Tour à Canal Plus, je n'ai posé qu'une condition : être programmé dans la case « sports ».

Ça le méritait ?

C'est une compétition, avec une préparation physique et mentale digne d'un sport de haut niveau !

Plus un jeu de flambe, donc...

Plus uniquement. Le *hold'em*[1] est un jeu très pointu, même si, en réalité, je trouve le poker traditionnel, à cinq cartes, fermé, plus difficile, plus intelligent...

Pourquoi ?

Parce que tout se passe dans la tête. Tout peut être caché.

Alors qu'aux échecs, tout est sur l'échiquier...

Tout, sauf ce qu'il y a dans la tête de ton adversaire. C'est là que les deux jeux se rejoignent. C'est dans ce

1. Poker ouvert, deux cartes cachées dans la main, cinq cartes communes découvertes sur le tapis.

sens qu'au poker, l'importance des cartes peut être secondaire. Parfois ce n'est plus ça qui compte.

Alors quoi ?

L'autre.

S'il suit ton regard, s'il te regarde...

Tout !

S'il transpire...

Tout ! Le but est d'avoir une lecture la plus précise possible de l'autre et, en même temps, trouver le moyen de lui envoyer de manière imparable l'information qu'on veut qu'il intègre.

Tu peux décrypter un adversaire en fonction de son attitude ?

C'est du comportementalisme. Qui d'ailleurs ne s'adapte pas qu'au jeu. Une science vertigineuse mais parfois... encombrante.

Pourquoi ?

Quand tu commences à rentrer là-dedans – ce que j'ai fait –, tu ne t'en sors plus : tu analyses tout ! Tout veut dire quelque chose, ça devient systématique, fatigant et soûlant pour les autres... A un moment, je ne pouvais plus avoir quelqu'un en face de moi sans me sentir obligé de l'ausculter intellectuellement, à son insu... ou pas.

Là, par exemple, tu es comme ça, tu as le torse de côté et tu as la tête qui est...

J'ai juste mal au dos !

Donc ça ne signifie strictement rien ?

Ce qui compte, ce sont les associations de comportement, les répétitions « pavloviennes ». Une attitude qui en annonce une autre. Prends le tennis : ce qui est intéressant, c'est de choper rapidement que, chez l'adversaire, tel geste ou tel regard avant de servir t'indique qu'il va jouer l'intérieur en force ou mettre un effet sur ton revers…

Tennis, échecs, poker, mêmes combats…

On peut dire ça comme ça. Tu essayes d'installer une image, de prévoir plusieurs coups à l'avance, tu connais la fin de ton coup, le déroulement de ton échange, si la logique est respectée… J'ai eu la chance de pouvoir jouer avec Fabrice Santoro, et surtout de le voir jouer. Stratège absolu : il gagnait ses points sur la longueur, en préparant ses coups, en usant ses adversaires. Fabrice devrait jouer aux échecs. Il serait très bon.

Partir du business du poker pour arriver à Santoro, et avec un enthousiasme, une précision, et je résume encore, ici, le cours de stratégie que Patrick me livre, à moi qui ne pige rien aux cartes et si peu au passing-shot… Mais la vie déborde du joueur Bruel, et toutes ses dénégations n'y font rien : l'adrénaline du jeu vaut l'extase de l'artiste, et c'est un problème, quand on a tant de solutions…

Je suis en train de comprendre un truc : le poker est une manière de parler d'autre chose. Stratégie, intelligence, rapport de forces.

En effet, c'est très complet. Et c'est un exutoire extraordinaire…

Et c'est plus excitant que les échecs, aujourd'hui ?

Oui.

Pourquoi ?

Adrénaline pure ! Aux échecs, elle est plus... diffuse.

Mais il y en a quand même...

Tu n'as pas aux échecs le cœur qui bat à te couper le souffle, quand tu as mis tout ton tapis au milieu et que tu attends la décision du mec en face. Si tu as le jeu, tu veux être payé ; si tu ne l'as pas, tu as peur qu'il paye. Et tu as le temps de sa réflexion pour lui envoyer une fausse information. Mais si tu ne le fais pas bien, tu te le prends dans la gueule...

Toi, au départ, tu te mets à jouer au poker quand tu es au bahut. Tu gagnes vraiment de l'argent, quand tu es gosse ?

Juste un peu d'argent de poche... A partir de 16 ans, l'âge légal pour gagner de l'argent dans ce pays ! *(Il se marre.)*

En 89, un film sort qui sera un peu culte pour une génération, la mienne, la sienne, qui frôle le désenchantement avant même d'avoir vraiment pris pied dans ce monde. Dans Un monde sans pitié, *le héros, Hippo – Hippolyte Girardot –, scande d'une voix vaincue et pourtant d'espoir : « Si au moins, on pouvait en vouloir à quelqu'un. Si même, on pouvait croire qu'on sert à quelque chose, qu'on va quelque part. Mais qu'est-ce qu'on nous a laissé ? Les lendemains qui chantent ? Le grand marché européen ? On a que dalle. On n'a plus qu'à être amoureux, comme des cons, et ça, c'est pire que tout. » La fraîcheur en moins, c'est du Bruel ou du Goldman ou bien, les chansons d'alors sont la conclusion de ce manifeste ! J'y pense, là, justement, pour une autre raison... Hippo, le glandeur romantique, qui nie la méchanceté du temps en refusant de se compromettre avec le monde, ne consent à survivre qu'en plumant des bourges au poker... J'ai envie d'en parler avec Patrick, au flan, pour voir si on a ça en commun.*

Dans *Un monde sans pitié*, le mec vit sur le poker.

C'est incroyable que tu me parles de ce film et finalement pas étonnant : il a été important pour moi ! Très déclencheur pour l'écriture d'un album.

Pour de bon ?

Alors regarde...

L'album du phénomène Bruel...

Il y a deux films qui ont beaucoup compté : *Un monde sans pitié* et *Le Cercle des poètes disparus.* Je l'ai vu à New York, la semaine de sa sortie, avec une bande que j'avais rencontrée, mais nous n'étions pas assez amis pour que je puisse partager cette émotion avec eux. J'ai marché longtemps, tout seul, très troublé, un peu comme à La Rochelle, ce petit matin où j'avais écrit le début de « Casser la voix ». Je suis rentré dans ma chambre d'hôtel et j'ai fini dans la nuit cinq des chansons les plus importantes de cet album, dont « Alors regarde ».

Evidemment, on avait ce mot de passe. N'avoir que l'amour à offrir en partage, comme disait le grand Jacques.

Et le « carpe diem », prends ta vie et saisis-la, des ados et du prof fou de lucidité du film de Peter Weir, faussement naïf, comme le film de Rochant était faussement désespéré… Il n'y avait que ça dans l'air, il y a un peu plus de 20 ans, quand on était jeunes gens, pour que Patrick embrasse le monde, au moment d'avoir 30 ans et de jouer sa vie. L'optimisme et la volonté, évidemment, devaient mal finir, quand un môme se suicidait dans Le Cercle *; mais les losers savaient toujours aimer, si le monde avait pitié. Avoir eu ces deux films en œuvres tutélaires, qui font croire à la pureté des sentiments, et s'être retrouvé à la fois dans les tempêtes de la gloire et du mépris… Je comprends un peu plus, encore, ce qui l'a écorché, et pourquoi c'est revenu, si souvent. On en oublie le poker, qui est pourtant l'histoire de sa vie, aussi. Le jeu d'enfant qui devient un métier, l'adrénaline tournant au business, la passion qui t'emporte, puisqu'elle te prend ton temps.*

A 19 ans, tu te fais du fric au poker pour aller voir Patricia à New York… Ça ne préjuge pas d'une carrière de pro.

Jusqu'à 24 ans, je joue beaucoup, mais toujours avec la même bande, plutôt des copains du lycée. Entre 24 et 30 ans, je ne joue quasiment plus. Je fais autre chose, je travaille beaucoup, je fais des chansons…

Et tu y reviens comment ?

En discutant avec un ami, je découvre qu'il y a des championnats, un poker à deux cartes qui génère autour de lui une culture, une compétition… J'essaye, ça m'amuse. Je me pique au jeu. Un jour, je suis convié dans une partie où il y a des joueurs plutôt bons… Et je perds.

Tu perds gros ?

Oui.

10 000 balles ? 100 000 balles ?

Pas 100 000 balles, mais je perds beaucoup. Plus de 30 000 balles, ce qui, pour moi, était énorme.

Pour les moins de 40 berges, au moins, on parle en francs, c'est de notre âge. Donc 30 000 balles, ça fait 4 500 euros. Voilà.

C'est vexant ou c'est cher ?

C'est cher ! Pas vexant parce que je sens que j'ai le niveau. Que je vais rejouer avec eux et finir par les battre…

Et alors ?

Pas tout de suite mais une fois que j'avais pris la mesure de la table, je n'ai plus jamais été dans le rouge !

Ça correspond à quoi, quelle époque ?

90 à 95…

La Bruelmania…

Très bon exutoire !

Et la compétition ?

En juillet 94, je suis à Los Angeles, officiellement pour tourner un clip avec Eric Ifergan, un Français installé là-bas. Mais en réalité, je suis parti pour voir la Coupe du monde de foot. On m'appelle de Paris en me demandant d'aller à Las Vegas. Le journal *Glamour* veut faire un reportage sur moi « avec un photographe complètement dingue et génial ! ». « Laisse-toi porter ! »

Et tu y vas ?

Las Vegas, je ne connais pas, ça m'amuse. Mais il fait 50° et je tombe en effet sur un fou, mais un fou comme je les aime. C'est-à-dire un vrai fou. Il me colle un pantalon en satin bleu, une chemise en satin rose, un chapeau de cow-boy... Il me met sur un cheval en plein milieu de Freemont Street ; il demande à un mannequin tchèque de mettre sa langue dans mon oreille ; il me fait sauter tout habillé dans une piscine... Les photos seront sublimes. Le type s'appelle juste... David Lachapelle ! Quand on ne shoote pas, on se rafraîchit dans un casino, et là, je vois des mecs assis à une table en train de jouer au poker... Dans un casino !

Tu es surpris ?

Je ne savais pas que ça existait ! Chez nous, en France, il n'y avait pas de poker dans les casinos... Je m'assois, je joue deux-trois mains, et le photographe vient me chercher. Là, je dis : « Excusez-moi, je suis vraiment désolé mais je suis obligé de me lever... » Le mec me regarde : « Faites ce que vous voulez ! » Dans les parties privées, il est très inélégant de se lever gagnant. Mais là, tout le monde s'en fout. Je fais donc mes photos et je reviens jouer. Je ne veux plus bouger. J'y retourne une semaine plus tard et je reste trente-six heures, assis à cette table. Je suis bien. Je joue au poker, je n'ai pas d'obligations, pas de rendez-vous, pas de contraintes. Je suis bien !

Et tout démarre, comme une nouvelle saga des commencements de Patrick. Le frémissement d'une découverte, la griserie de comprendre, le frisson d'être bon, et finalement le succès qui vous valide et vous oblige. Il parle du poker, ça sera autre chose dans dix ans, pas ennuyeux mais évident : il réussira tout, toujours, mais ne saura jamais s'apaiser.

Un matin, je rencontre un Français, Gilbert Gros, qui a gagné un titre de champion du monde quelques années auparavant et me dit : « Vous vous débrouillez pas mal, vous devriez vous amuser à faire des satellites, des petits tournois. Il y en a un dans deux heures, au Four Queens. » J'y vais… Oups ! Je le gagne.

Et tu es dans l'engrenage…

Ça commence… Je vais retourner à Vegas plusieurs fois. Et puis en 95 arrive le tournage, éprouvant, de *K*, sur fond de nazisme, à Berlin. Le rôle est difficile. Je n'ai pas envie de me taper les nuits berlinoises avec tout le monde, sortir tous les soirs, me disperser, arriver fracassé sur le plateau. Je préfère être au calme. Et je découvre qu'il y a un casino qui ferme à 2 heures du matin. J'y vais, il y a deux tables de poker…

C'est quand même une distraction…

Je ne veux ni sortir de mon personnage, ni rester seul. Le poker est une bonne solution. Etre avec des gens sans avoir besoin de leur parler, dans une espèce de non-solitude… Concentré et libre de mes pensées à la fois… J'y vais pratiquement tous les soirs. Ça se passe plutôt très bien. Et puis quelques jours plus tard, grand tournoi : Championnat d'Allemagne sur deux soirs. Je vérifie mes horaires de tournage, c'est OK avec Arcady. J'y vais et… je gagne. Je rentre en France, je gagne le Championnat de Paris. Puis je me classe à Amsterdam et à Londres. Je m'amuse comme un fou. Je retourne à Las Vegas, je gagne plein de satellites, je me classe dans les petits tournois et je finis 200e du Main Event[1]. L'année suivante, je finirai 47e…

Et le pok à la télé ?

En 96, j'étais allé voir Alain de Greef – l'un des pionniers de l'aventure Canal+ avec Lescure :

« Il faudrait mettre du poker sur Canal.

— Pourquoi ?

— Parce que vous êtes une chaîne premium, vous avez inventé une nouvelle approche du sport, de la présentation du foot à la corrida, du golf aux films porno… Un jour, le poker explosera à la télévision. Ça serait bien que ce soit avec vous. »

Il marche directement ?

Il me répond : « OK, mais il faudrait que tu le présentes ! »

Piégé ?

Non, mais je n'avais aucune légitimité. Ce sont les champions sportifs reconnus, titrés qui commentent leur discipline à la télé… Lui : « T'as qu'à décrocher un titre ! » Moi, pour m'en sortir : « OK, si un jour je suis champion du monde, c'est moi qui présente ! »

---

1. Epreuve reine du Championnat du monde WSOP, à Las Vegas.

Et tu l'es devenu...

Deux ans plus tard.

Ainsi Patrick est-il devenu Monsieur Poker sur Canal, puis businessman, désolé mon grand, du rêve en ligne. Tu es devenu une autre image, et le plaisir est devenu un max de nouvelles cases dans ton agenda. Et tu ne décrocheras pas, tu ne décroches jamais de rien, puisque tout est si bon.

C'était un passe-temps, c'est devenu un sport... Et comment est-ce devenu un métier ?

Ce n'est pas mon métier !

Un métier aussi...

Une autre activité, pas mon métier !

Si ça continue de marcher, le poker te rendra milliardaire, au-delà de ta carrière artistique ?

Milliardaire... n'importe quoi !

Mais si tu réussis l'installation sur le web, tu es blindé...

On n'en est pas là...

Tu es en train de blinder pour Oscar et Léon et trois générations !

Je crois que tu te fais beaucoup d'idées. On verra. On ne peut rien savoir encore.

C'est important, même après avoir réussi comme toi, l'idée de mettre les enfants à l'abri ?

Ah oui !... Personne n'est jamais à l'abri. Je viens d'un milieu où rien n'est jamais acquis, il y a toujours de l'inquiétude...

Tu penses que tout peut s'écrouler...

Pourquoi devrais-je penser le contraire ?

Je ne sais pas pourquoi, en regardant Patrick, fort et chouineur parfois, je pense à un autre indestructible dont le moteur est la flippe, un gentil qui s'angoisse et que les Français ont adopté, l'ami Drucker. Michel, qui se scanne une fois par mois de peur que la maladie ne l'attrape...

Tu es un grand flippé façon Drucker ?

Non, mais...

Tu ne fais pas un scanner par mois ?

Pas du tout, je ne suis pas hypocondriaque.

Mais tu es un expert en pharmacologie, tu lis des bouquins là-dessus !

Ah celui-là, on me l'a offert !

...

Un clin d'œil de mon entourage, qui m'appelle « Le Doc » parce que j'ai quelques notions ORL qui s'avèrent parfois utiles : quoi prendre, quand, comment... Je me suis beaucoup rencardé là-dessus. Je n'aime pas être pris au dépourvu, surtout depuis que j'ai des enfants... Mon toubib m'a dit que je venais de passer en 4e année. *(Il se marre.)* Je peux détecter une congestion rien qu'en regardant quelqu'un ! D'ailleurs, t'as les yeux un peu brillants... Je fais un scanner demain matin, tu veux venir avec moi ?

L'ennui avec lui, quand on ouvre une porte sans penser à mal, on trouve quelque chose derrière, et on n'en finirait pas ! Ce jour-là, n'étant pas malade, enfin j'espère, je ne poursuis pas la consulte… Et on revient au pok.

Rien n'est jamais acquis, mais le poker te sécurise… Ça fait partie de l'idée ?

Oui. Devant le déclin du disque, à un certain moment, tu réfléchis… Est-ce que j'ai d'autres cordes à mon arc ? Je ne vais jamais abandonner mon métier de chanteur et d'acteur, mais c'est possible que ce ne soit plus le meilleur moyen de gagner sa vie, ou de se mettre à l'abri, comme tu dis. Et quand on est capable de faire d'autres choses, pourquoi pas ?

Avant même le site, le pok, c'est de l'argent ?

Ça va, ça vient, mais j'ai plutôt gagné… pas mal.

Mais on peut aussi perdre énormément, se mettre en danger ?

Il y a un risque, évidemment, mais à l'arrivée, l'important c'est l'équilibre entre gains et pertes. Tu fais tes comptes au 31 décembre… Tu te dis : cette année, je suis devant ou je suis derrière.

Et là, tu es devant ?

A part une, toutes mes années sont devant. Pour l'instant…

Etre devant, pour soi et ne pas avoir peur, ou pour les gosses, mais comment se raconter des histoires ensuite ? Le moment où j'en ai eu assez d'interroger Bruel et simplement envie d'être son pote, juste son pote et ça ne regarderait plus personne que nous, il est venu vers le printemps, quand il allait fêter ses 51 ans. Ensuite, il fallait y aller, écrire, et décanter ce qui serait bon, ce qui comptait vraiment. On s'est revu dans des allers-retours, ainsi se font les livres, au rythme de nos paresses ou de nos angoisses surbookées. Vers l'automne, on s'en est reparlé, on sentait qu'il manquait un truc, mais quoi ? Je n'étais pas allé au bout de notre judaïsme, ou du sien. C'était autour des fêtes, Nouvel an et Kippour, il y avait quelque chose dans l'air, et j'ai re-tenté le coup... On a parlé de religion, il m'a raconté à nouveau sa Bar-mitzva express à 13 ans, il m'a dit qu'il voulait transmettre à ses gosses, mais ne savait pas jusqu'où et comment...

Ce sont les garçons qui demandent. Léon qui dit : « On est vendredi, chouette, on fait shabbat ce soir ! Je vais pouvoir tremper mon doigt dans le vin ! » Je ne respecte pas toutes les traditions religieuses, mais les grandes fêtes, le shabbat quand je suis avec les enfants. Je ne connais pas très bien les prières, ce qu'il faut dire, l'ordre des choses, mais j'aime énormément ce moment, ce rendez-vous où la famille se réunit... Je jeûne pour Kippour, mais je suis perplexe quand mes amis me demandent à quelle synagogue je vais aller – comme si c'était évident ! J'y vais très rarement, mais j'aime ça. La fête que je préfère, c'est Pessah, la Pâque juive, je la fais en hébreu et en français, pour que les enfants comprennent et s'amusent à apprendre la sortie d'Egypte...

Mais ça compte ?

Ça fait partie de moi. Ça a toujours existé. J'étais très ému, vendredi dernier, quand, pour la première fois,

Oscar m'a demandé de lire, et a lu en entier la prière de shabbat.

Et c'était important – avant la naissance d'Oscar et de Léon – que la mère de tes enfants soit juive ?

Oui… oui, sans doute. Mais ç'aurait pu être différent. Dans ma vie, avant Amanda, j'ai pu avoir des envies d'enfant avec des femmes non juives. Et ça ne s'est pas fait, mais par le hasard des choses… ou pas… Quand j'ai rencontré Amanda, il s'est passé quelque chose d'immédiat. Est-ce que le fait qu'elle soit juive a joué ? Peut-être… Pas sûr… Quoique !

Poser la question, c'est y répondre ?

Pas forcément. Trop simpliste ! Amanda est très décomplexée vis-à-vis de son judaïsme. Très libre de parole, et de critiques, sur les juifs, sur Israël. Plus que moi sans doute. Elle a passé du temps là-bas, ça explique cette liberté… Elle est née Maruani, fille d'un Monsieur Maruani et d'une Madame Quéffelec, qui s'était convertie… Mais elle a appris par hasard, il y a très peu de temps, qu'en fait l'arrière-grand-mère de cette Madame Quéffelec, donc son arrière-arrière-grand-mère, était juive elle-même…

Le judaïsme, nul n'est censé l'ignorer, se transmet par les femmes… La maman d'Amanda était donc juive sans conversion. Patrick me raconte ça, dans un temps en suspens, qui serait mystique si l'on n'était pas chez lui, en train de boire un café, à bavarder pas loin du piano. Mais ce n'est pas là où il veut en venir, à des interrogations sur le judaïsme qui sommeillait dans son ex-belle-famille et rien ne serait dû au hasard... Valérie aussi tournait autour de ces fatalités heureuses, ce qui nous était imposé, ce qui était écrit, et si deux personnes se rencontraient, c'est que leurs âmes y étaient destinées. Elle y croyait ou voulait y croire, aux temps de notre rencontre, que tout était prévu – mais sa mort aussi, alors ? Evidemment, comme souvent, quand on aborde le couple et pourquoi être ensemble, j'entends Patrick mais je m'écoute, et j'envie mon pote de pouvoir s'interroger sans inviter la Camarde à ses débats intimes. Et puis, autre chose flotte, dont on n'a jamais parlé, et qui va venir...

Si on croit, ou si on veut croire, rien n'est dû au hasard...

Et il fait écho, le copain, et il fait écho... Mais on n'est pas sur moi ici. Patrick est gros d'une histoire, elle doit sortir. Et il hésite encore, et y va.

Je t'ai parlé d'Anaëlle ?

Non.

Je ne t'ai jamais parlé d'Anaëlle ?

Il ne le sait que trop, qu'il n'a jamais prononcé ce nom devant moi...

Je dois t'en parler. Je ne sais pas si ça a sa place dans ce livre. Mais il me semble que si je ne t'en parle pas, j'aurais l'impression d'occulter l'une des choses les plus importantes qui me soient arrivées...

Si tu crois, ou si tu veux croire...

Bien. En décembre 97, je reçois un courrier qui ne ressemble à aucun autre. Un poème, qui serait écrit par une petite fille de 7 ans, qui veut me rencontrer. Je le lis. A l'évidence, ce n'est pas le poème d'une petite fille. On apprend que ce serait une gamine autiste... Elle habite dans le XIIIe, rue du Château-des-Rentiers. A 150 mètres de la rue Georges-Eastman... où j'ai habité de 1972 à 1985. Je décide d'y aller...

Seul ?

J'y vais avec Pascale, et heureusement qu'elle est venue : sans elle, je n'aurais même pas été sûr de ce que je voyais ! Nous voilà donc dans le XIIIe, dans une famille juive très, très religieuse... Une petite fille allongée sur un fauteuil. Une dame à côté d'elle... Son père, très chaleureux, et sa mère, une belle femme au visage déjà marqué par les épreuves. Son premier fils, Ilan, 10 ans, est décédé peu de temps auparavant des suites d'une maladie génétique, atrophie des muscles irréversible. En fait, la petite a la même maladie. Mais à la différence de son frère, elle peut communiquer à l'aide de la méthode Vixo : un clavier électronique sur lequel l'enfant promène son doigt avec l'aide d'une femme à ses côtés, qui lui tient la main...

Etrange ambiance...

Très particulière... La maman d'Anaëlle me dit que je peux lui parler. Et grâce à son boîtier, la gamine m'écrit :

« Merci d'être là.

— Pourquoi as-tu voulu me rencontrer ?

— Nous avions rendez-vous… »

Je reste silencieux quelques secondes, comprenant que quelque chose est en train de se passer… Et c'est comme ça que je vais entamer un dialogue avec cette enfant, qui durera jusqu'à sa mort, à l'âge de 10 ans. Je la verrai régulièrement.

C'était quoi ? Une enfant malade, autiste et surdouée ?

Plus que ça.

Une enfant géniale ?

Les mots n'ont pas de sens ici. On peut croire, ou non. Quand je l'ai rencontrée, j'avais tous mes capteurs de doute grands ouverts. Qu'est-ce que c'est que cette petite fille ? Est-ce que la dame qui tient le boîtier met tout ça en scène ?… J'ai parlé longtemps d'Anaëlle avec le grand rabbin Sitruk qui m'a conseillé de ne pas perdre de temps avec mon scepticisme. Anaëlle était très connue dans le monde juif religieux pour ses prévisions, ses écrits et… ses actions. Elle entretenait un lien tout à fait exceptionnel avec des *ravs*[1] du monde entier.

Patrick s'arrête. Il touche le petit creux de son visage, entre le nez et la lèvre.

Tu sais ce que c'est chez nous…

1. « Rabbin », « maître » en hébreu.

Oui. La tape de l'ange, au moment de la naissance, qui nous fait tout oublier.

C'est une légende juive, mystérieuse et poétique, qui vient du Talmud. Dans le ventre de nos mères, avant notre entrée au monde, nous saurions tout et aurions toute la connaissance. Mais au moment de naître, de quitter le monde des âmes pour celui de la conscience, un ange poserait son doigt au creux de nos lèvres, « chut, tu ne sais plus », pour que nous naissions vierge à la vie, prêts à tout réapprendre…

Anaëlle n'avait pas ce creux. Ses traits étaient lisses. Etait-elle née avec la connaissance ? Elle disait se souvenir des vies antérieures de son âme. Elle avait des dons d'extra-lucidité ; des gens venaient la consulter du monde entier, comme un oracle. Visiblement, elle pouvait communiquer dans plusieurs langues…

Tu y as cru ?

Toi, tu peux croire ou pas ce que je te raconte, mais moi, ça se passait sous mes yeux ! Et le cartésien que je suis devait s'incliner… Et encore une fois, heureusement que Pascale était là ! Et je suis certain qu'elle n'était pas là par hasard. Ma plus vieille amie et femme de confiance était là pour balayer tous les doutes de ceux à qui je le raconterais.

Et pourquoi Anaëlle voulait te voir ?

Lors de notre première rencontre, elle m'a dit que nous avions été liés dans une vie antérieure… Je ne sais plus. Tous nos échanges ont été écrits. Ils sont quelque part…

Il ne sait plus, Patrick ? Celui qui n'oublie rien peut oublier cela ?

Tu as voulu y croire en cette petite fille ?

Elle a ouvert des portes. Ça a l'air incroyable, mais elle m'a aidé. Quand je l'ai connue, j'étais en train d'écrire mon album *Juste avant*... Un jour, je peinais sur « Elie », la chanson sur mon grand-père. Je lui ai demandé de m'écrire un passage en hébreu. Elle m'a dit : « Ouvre le *Livre des Psaumes.* » J'ai ouvert au hasard et suis tombé sur ce texte où l'on parle des anges et de la transmission – ce qui était exactement le sujet de la chanson. Qu'est-ce que tu veux ajouter à ça ?... Anaëlle me disait aussi que ça ne servirait pas à grand-chose de raconter tout ça, que c'était pour moi, que je ne serais pas compris.

Parce que si tu racontes, comme ici, on peut sourire, et le rire profane tout ?

Mais on peut même éclater de rire ! Je comprends très bien. Si je ne l'avais pas vu et vécu, personne ne pourrait me le faire croire.

Anaëlle est morte quand ?

Le 13 mai 2000, j'étais au Zénith justement en train de chanter « Elie », quand elle s'est éteinte.

Ce que je ne comprends pas... Si tu as vécu ça, si tu y as cru, pourquoi n'es-tu pas devenu croyant, religieux ?

J'ai tourné autour. Apprendre l'hébreu me passionnait. Je lisais la Torah, très troublé par sa modernité et par toutes les interprétations possibles. J'ai trouvé l'approche des gens que je rencontrais un peu trop radicale. Je cherchais plus de rationalité. Quelque chose de cartésien dans la religion… Ce n'est pas forcément compatible.

Il n'y a pas de demi-vérité ! Tu voulais croire à ce que disait Anaëlle…

Je crois que les âmes peuvent se toucher, oui. Mais ensuite ? Je ne sais pas pourquoi je ne suis pas allé au bout… Par refus de l'ascèse religieuse, peut-être. Parce que je ne veux pas des sacrifices et des renoncements que la foi et la pratique absolue impliquent ? Je me pose la question parfois. Pourquoi y a-t-il eu cette rencontre ? Quelle a été ma limite ?…

Tu n'as pas eu envie d'aller vers d'autres traditions, pour explorer cette question de l'âme ?

J'aurais dû le faire ? Oui. J'aurais pu ! Ma question, c'est celle-là : pourquoi je m'arrête en chemin ? Pourquoi je ne vais pas toujours au bout des choses ?… Religion ou musique classique. Je m'arrête devant les absolus possibles.

Tu as besoin d'être dans l'inachevé…

Je lui ai dit ça, et en même temps c'était idiot. Il n'est pas dans l'inachevé mais dans la vie, qui n'est qu'instable, et belle parce qu'incomplète, et tenable parce qu'on ne sait pas, et on n'ira pas au bout, on mourra avec nos points d'interrogation. Lui et moi. Nous tous. Anaëlle s'appelait Anaëlle Chimoni. J'ai commandé son livre, Le Livre d'Anaëlle, *sur Internet, mais je ne l'ai pas lu avant de finir ce livre-ci. Je n'ai pas non plus poussé Patrick à fouiller dans ses archives pour retrouver les retranscriptions de ses échanges avec la gamine divine et décédée. Ce qui compte, c'est la trace, ce qui a imprégné après que le temps a tout délavé ; et le goût d'imparfait, et la joie de l'inconnu, et la honte méchante qu'on éprouve, quand on a voulu croire comme un enfant, et ça ne se fait pas, chez les adultes... J'aimerais que les âmes vivent et revivent, j'ai tant de raisons pour cela. Mais ça ne changerait rien aux choses irrévocables. Dieu existe ou pas, tant pis ou à quoi bon, pour nous ? J'aime bien l'idée que Patrick ait cru à l'âme et en Dieu, sans en tirer la seule conclusion logique, de le servir ou de s'y soumettre. Ce n'est pas une question de paresse mais de vie. Une révolte modeste, un choix de nous ; ce qu'on construit, ici, jamais fini, ça te retombe sur la gueule et l'histoire n'est pas réglée. Jamais. Et les absolus, il en fait, on les trouve autour de nous, dans l'amour qui vacille sous les vents, pour un enfant, une femme, et tout s'en va. On a eu plein de moments, joyeux ou doux ou tristes ou frustrants ; parfois, on était des quasi-vieux en déprime, on se demandait pourquoi on courait, ce qu'on fuyait, de ne jamais savoir se reposer. On composait des regrets. Je parlais de mon passé ou de son présent, et inversement, des irrattrapables qu'on brûle en vivant.*

Si je pouvais faire moins de choses, me couper de tout. Le livre qu'on fait, là, on s'enfermerait deux semaines, ce serait bouclé... Sans un agenda à respecter, une nounou à caler, un déjeuner...

Annule !

Non ! Ça me fait plaisir aussi, ce déjeuner, même si je sais qu'il est en trop. Parfois, j'ai l'impression d'être dans une espèce de fuite permanente… Toujours être en mouvement, avoir des obligations. Laisser les gens qu'on aime parce qu'on doit le faire, mais au fond au nom de quoi ?

Et ta femme te demande pourquoi tu cours, pourquoi tu n'es pas là…

J'ai toujours eu cette angoisse du vide… Pas trop dur à décrypter. Ça me rappelle « De face », la chanson qui ouvrait mon premier album : « Courir dans tous les sens pour guérir une absence, un père qui passe, qui manque, mais j'f'rai sauter la banque. »

Elle est péchue, cette chanson, dans son époque, les années 80, rockeuse et quasi pogotée, avec Patrick qui semble un émule de Téléphone ou de Goldman, comprenne qui peut. Je veux dire, le rythme est celui d'un vingtenaire, en rupture avec nos sonatines nostalgiques des années 2010. Mais le texte annonce tout, et est empreint d'un pessimisme absolu, sous le masque solaire du Patrick d'alors. Tu vas courir toute ta vie, tu ne guériras rien.

Tu l'as fait sauter, la banque. Et *so what* ?

So what ? Oui. Le temps… ce temps qu'on galvaude, alors que c'est la valeur la plus précieuse qui soit… Le temps qui nourrit ce qu'on construit avec ses enfants. Pas le temps que nous laisse le boulot, mais celui qu'on prend, le vrai temps, que l'on donne à ceux qu'on aime…

Savoir ce qui compte vraiment. On le sait toujours mais on n'en fait rien, et je trimballe ça avec moi, et Patrick aussi. On a la fraternité de nos âges et de nos impasses, et c'est comme ça. On a en partage de comprendre ce qu'on possède et ce qu'on rate, et de le contempler, et de ne pas toujours le rater. Parfois, on s'est vraiment pigé. Ça m'est revenu au moment de conclure un de nos bons moments, un lundi ; on ne savait pas vraiment si on bossait ou si on bavardait, on était entre nous, et c'était ce qu'on avait de meilleur.

Tu es en train d'écrire, en ce moment, ça y est !

Ah oui !

Tu es débloqué depuis quand ?

Pas si longtemps : peut-être une quinzaine de jours.

C'est pour ça que tu as l'air bien. Tu as l'air fatigué mais tu as l'air bien. Tu n'es pas surexcité comme les autres fois.

C'est parce qu'aujourd'hui c'est toi qui l'es, tu peux pas te rendre compte !... Non, c'est vrai, je suis content, mais il faut que je me lève tôt pour travailler.

Mais tu le fais, là !

Oui, je le fais, là.

Une bonne fatigue.

Mais je n'ai pas travaillé, ce week-end. Je m'en veux un peu... En revanche, ce matin, dans la voiture, c'était joli ; j'ai fait écouter à mes enfants les chansons que j'avais enregistrées vendredi. Ils ont reçu ça avec beaucoup de sérieux. C'était touchant, j'ai aimé ce moment.

C'est drôle l'expérience d'un père qui s'occupe de ses gosses.

Drôle dans quel sens ?

C'est rare.

Je n'ai pas l'impression. Ça me semble de moins en moins rare, quand je vois tous les papas, à l'école... Maintenant, c'est vrai que je passe beaucoup de temps avec eux... Parce que j'aime ça et que leur absence est une douleur, parfois presque physique... Après le divorce, j'ai eu forcément un sentiment de culpabilité...

... et tu en as trop fait pour compenser ?

Probablement. En tout cas, j'ai décidé que chaque moment passé avec eux serait précieux, préservé. Si je n'y arrivais pas, je m'en voudrais. J'ai décidé de donner la moitié de mon temps à Oscar et Léon. Et de faire rentrer tout le reste dans l'autre moitié. Donc je cours un peu dans tous les sens. Je me bouscule. Je cale les emplois du temps de la terre entière sur leurs horaires d'école... Parfois, c'est un peu chaud !

Et tu trouves que tu es un bon père ?

Je n'ai pas de schéma à reproduire. J'ai grandi sans référent. Donc, j'avance dans le bleu. Et je fais de mon mieux.

C'est tout aussi bien.

On tisse quelque chose de fort, avec en point de mire la confiance et le dialogue. Je vis des instants tout simples, donc magnifiques. Hier après-midi, je lisais un scénario à haute voix, je fais toujours ça ; Oscar jouait avec ses voitures. Soudain Léon est arrivé, il s'est assis en tailleur au milieu du salon, il a commencé à dessiner et il m'a regardé avec une petite tête :

« Qu'est-ce que tu fais, papa ?

— … Je joue.

— Tiens, toi aussi ? »

On était tous les trois ensemble, et je me sentais bien…

…

Tu ne m'écoutes plus du tout ? Tu penses à autre chose. Quand je parle de famille, ça te renvoie…

Je n'ai pas pleuré, c'est cool.

Limite.

J'étais parti vers mon fils, quand il était môme ou malade devant ses DVD, et je le gardais, je pensais à ma fille, et ma famille, ma femme et tout le reste, et comme je travaillais trop et trop encore avant, quand j'aurais pu faire autrement, et je n'avançais plus mes livres désormais, mais ce n'était pas la solution, et on se demande pourquoi on passe son temps à courir, comme si les trucs importants ne pouvaient jamais s'abîmer. On a tort, ils s'abîment. On est des mecs avec Patrick. Tant qu'à avoir un pote, c'était cool que ce soit lui. Il ne va pas tarder à le finir, son album. De notre mieux.

Remerciements

Merci à Olivier Orban et à Muriel Beyer pour leur confiance et leur patience. A Lorraine de Plunkett pour son aide et son implication. A Grégory Berthier-Gabrièle pour la dernière ligne droite. Et merci à toute l'équipe de Plon.

Retrouvez Patrick Bruel sur Facebook à l'adresse suivante :
facebook.com/patrickbruelofficiel

Composition et mise en page

NORD COMPO
multimédia

Impression réalisée par

BRODARD & TAUPIN

La Flèche
en novembre 2011

N° d'édition : 14786 — N° d'impression : 67043
Dépôt légal : novembre 2011
Imprimé en France